KB057501

忠州 高句麗碑
어제와 오늘

중원학총서 01

忠州 高句麗碑

어제와 오늘

한국교통대학교 중원학연구소 편

서경문화사

충주 고구려비 발견 당시 모습(1979)

충주 고구려비
발견 후 하단 시멘트 제거 모습

충주 고구려비 '高麗太王'

탁본한 모습(1979.4.8)

충주 고구려비 발견 경위를 설명하는 조사단

충주 고구려비 발견 기사
(동아일보 1979.4.9)

보호각 내 충주 고구려비
(1990년대)

충주 고구려비 발견 40주년 학술대회 모습(2019.11.11)

충주 고구려비 발견 40주년 학술대회 단체사진(2019.11.11)

12 **忠州 高句麗碑** 어제와 오늘

한국교통대학교
충주 고구려비 모형
설치 모습
(2016.6.1)

한국교통대학교 충주 고구려비 모형 설치 제막식 모습(2016.6.3)

한국교통대학교 충주 고구려비 모형 (2022.1)

발간사

충주 고구려비는 1979년에 발견되어 우리에게 알려진지 40여 년이 흘렀다. 이 비의 발견은 한국 역사학계에 큰 충격과 이슈를 안겨주었으며 문헌이 영세한 우리 고대사에 새생명을 불어준 것과 다름없는 사건이었다. 현재, 대한민국을 살아가는 한국인이라며 모두가 알고 있는 몇 안되는 고대 유물로써 우리 역사에 자긍심을 갖게 해주는 영광스런 고대사로 인식되고 있다.

한국교통대학교 중원학연구소는 이 충주 고구려비가 발견된지 40주년되는 해인 2019년에 설립되었다. 중원학연구소는 설립 첫 해에 중원의 중심인 충주에서 중원학의 중추적인 역할을 하기 위한 첫 신호탄으로 충주 고구려비 발견 40주년 기념학술대회 "충주 고구려비의 어제와 오늘"을 기획하여 개최하였다. 충주 고구려비는 중원의 상징물로써 더없이 중요한 자리를 차지하고 있기에 중원학연구소의 설립을 대내외적으로 알릴 수 있는 행사였다.

충주 고구려비의 발견된 후, 여러 연구자들에 의해 판독이 되고 연구가 진행되었으나 2000년대 들어 연구 주제로 점점 회자되는 기회가 점점 줄어드는 경향이었다. 여기에는 우리 역사 연구 주제가 다양화된 것도 있으나, 동북공정으로 인해 중국내의 고구려 유적과 유물이 주목된 것도 한 까닭이다. 충주 고구려비 전시관이 생긴지 10년이 지났지만, 전시관의 존재를 대부분의 사람들이 모른다는 것에서 대중의 인식 또한 알 수 있다.

이러한 상황 속에서 2019년에 열린 충주 고구려비 발견 40주년 학술대회는 여러 의미를 갖는다. 다시금 충주 고구려비에 대한 재고와 인식을 주었다는 것과 자칫 우리역사의 연구 시간 속에서 사장될 뻔한 연구자료를 새로운 시각으로 보는 방향성을 제시해주었기 때문이다. 다만, 이러한 행사들이 학술적 차원에서만 머물러 대중에게까지 반향을 일으키지는 못한 아쉬움이 남는다.

때문에, 충주 고구려비 발견 40주년을 기념하여 주최한 학술대회에 기고된 옥고들을 중원학연구소의 첫 연구총서로 남기기로 하였다. 한반도 유일의 고구려비를 함께 발견하고 조사에 참여한 연구진들의 생생한 여담들은 1979년 봄날의 그 환희를 같이 느끼게 해주었다. 이는 후일 대중에게도 흥미를 끌어줄 훌륭한 스토리텔링이 될 것이다. 또한, 그간의 연구성과와 고지형적으로 살펴본 연구 시각은 앞으로 진행될 충주 고구려비와 고구려사 그리고 나아가 우리 역사 연구의 풍부한 자료로써 활용되길 바란다.

금번 중원학 총서가 발간될 수 있도록 물심양면으로 지원해 주신 한국교통대학교 박준훈 총장님과 전문수 산학협력단장님, 중원문화의 창달에 힘써 주시는 충청북도 이시종 도지사님, 충주 고구려비 발견의 산증인이신 국원문화재연구원 장준식 원장님, 학문적 성숙이 무엇인지 조언과 격려를 아끼지 않으시는 강원고고문화연구원 지현병 원장님, 고려대학교 정운룡 교수님, 연세대학교 하문식 교수님, 동북아역사재단 김현숙 연구위원님께 깊은 감사를 드린다. 아울러 항상 곁에서 함께 고민해준 이성제 박사, 이종수 교수, 정호섭 교수, 이정빈 교수, 황보경 박사, 김병희 박사, 김진영 박사, 현남주 원장께도 감사드린다. 꼼꼼하게 편집과 교정에 힘써 준 김호준 박사와 강진주 선생께 고마움을 전한다. 그리고 어려운 여건에도 흔쾌히 출판을 맞아주신 서경문화사의 김선경 대표님과 김소라 편집자 등 여러분께 지면을 빌어 감사의 마음을 드린다.

2022년 2월
한국교통대학교 중원학연구소장
백 종 오

차 례

충주 고구려비 발견
40주년 회고

01 충주 고구려비 발견 40주년 회고

　1978년 가을에 발족된 충주의 문화재 애호단체인 '예성동호회'는 당시 충주검찰지청 검사였던 유창종 회장이 창립의 산파역이었다. 충주지역에 살면서 문화재에 관심을 갖고 있던 아마추어 문화재 애호가 모임인 이 동호회는 어느 모로 보아도 세간의 눈길을 끌만한 동아리였다. 동호회의 멤버는 당시 충주예총 지부장을 맡고 있던 김풍식(신경외과 전문의)·최영익(충주여상고 교장)·김예식(중원군청 공보실장)·장기덕(미덕중학교 교장)과 필자 등이 창립 발기인이었다. 열심히 답사활동을 하던 중 유 회장이 1979년 3월 2일자로 의정부 검찰지청으로 전보발령을 받게 되자 회원들은 2월 24일 토요일 유 회장의 송별답사 및 기념촬영을 위해 중앙탑(국보 6호) 일대로 답사를 갔다. 중앙탑 부근에서 기와 편들을 수

용전리 입석마을 1970년대 전경

1972년 대홍수로 1976년 입석마을 재건

습한 후 인근 용전리의 입석마을 어귀에 있던 비석을 조사하자고 의견이 모아졌다. 이 비석의 존재는 이전부터 알고 있었으나 회원 중의 한 분으로 충주지역 답사기인 『중원의 향토기』 1·2권을 발행한 장기덕교장이 그 비석은 당시 중원문화원 원장이던 이동호 선생의 선조에게 조선 숙종이 하사한 사패지지에 관한 비석이라는 주장을 하였다. 우리는 이 비가 사패지지비이든 경계비이든 간에 일단 조사를 해보자하여 입석마을에 도착했다. 비석의 전면으로 이끼와 청태 등이 두텁게 덮여 있었다. 자세히 살펴보던 중 비석의 부분 부분에서 글자가 확인되었는데 전면의 하단부에서 '國土'·'土內' 측면상단(지금의 4면)에서 '安城'이라는 글자를 확인했다. 특히 '안성'으로 읽어진 글자를 보고 필자는 "경기도 안성이 왜 여기에 있지? 안성까지가 이동호 선생네 땅이었나"라며 중얼거린 기억이 있다. 婁城을 '安城'으로 읽었던 것은 훗날 고모루성으로 밝혀졌지만… 이 비석을 조사하면서 문자를 확인하는 과정이 촬영된 사진은 1979년 7월에 발간된 『예성문화』 창간호에 게재됐다. 이 비석이 종래에 알려져 왔던 백비 또는 입석이 아니고 석비였음이 처음으로 확인된 것이 1979년 2월 24일 오후 2시께였다. 이

충주 고구려비 발견 조사 모습(1979년)

때까지도 이 비석의 내용은 물론, 이 비가 훗날 국보 205호인 '충주 고구려비'가
되리라고는 누구도 상상하지 못했다.

　　예성동호회에서는 충주의 역사·지리적인 환경 때문에 신라 진흥왕의 비가
충주 인근의 어딘가에는 있을 것이라는 막연한 기대 속에 지금의 충주박물관이
위치한 논바닥에 옛 비석이 매몰되어 있다는 동네 어른들의 말을 듣고 수 없이
파보기도 하였다. 선무당이 사람 잡는다는 말이 있듯이 그 당시에는 문화재보
호법 등은 알지도 못한 용맹함 때문이련가... 또 어느 분이 금가면의 산속에 대
각간銘 古碑가 있다하여 금가면 하담리 일대의 산속을 수 없이 헤집고 다닌 기
억도 아직까지 생생하다. 그 후 이 비석에 대한 회원들의 궁금증은 급기야 청주
대학교박물관장인 김영진 교수에게 자문 받기로 하여 연락을 취하였다. 3월 초
순경 충주에 온 김 교수와 만나서 입석마을로 가는 도중에 회원인 김예식 씨가
비석의 조사에 앞서 충주시 신니면에 소재한 견학리토성을 먼저 답사하고, 돌아
오는 길에 이 비를 조사하자고 하여 견학리토성으로 향했다. 토성에서 반월형
석도와 석겸, 석부 등을 수습하여 한껏 들뜬 마음으로 내려오는 길에 마을에 婚
事집이 있었는데 주민들은 초면인 우리의 손을 반갑게 맞아서 끌어 잔칫집으로

충주 고구려비 조사단 사진(1979년)

들어갔다. 우리 일행은 후덕한 시골마을의 인심에 녹아들어 탁주 한 사발을 마시는 동안 날이 어두워졌고 우리 일행이 타고 온 차량 제공자인 허인욱씨가 급한 볼일 있어 시내로 간다고 하여 이 비석의 조사는 다음 기회로 미뤄졌는데 그 '다음의 기회'는 영원히 오지 않았다. 당초의 계획대로였다면 고구려비의 학술조사는 청주대학교박물관의 몫이 되었을 텐데... 이 일 이후에 필자는 유물에 대한 선입견이 어떠한 결과를 초래하고, '다음에 보자'는 게으름이 어떠한 방향으로 전환되는지 깊은 깨달음으로 남았다(선입견이 고구려비를 판독하는데 큰 어려움으로 작용한 문제는 후반에서 밝히고자 한다).

1979년 4월 5일, 식목일이었고 나 개인적으로는 약혼식날이었다. 아침 일찍 정영호 단국대박물관장으로부터 전화가 왔다. 오늘 동국대 총장 황수영 박사와 일본인 학자들과 함께 충주에 가니 만났으면 한다는 내용이다. 약혼식 일정으로 움직일 수 없어 김예식 씨에게 대신 안내하도록 주선했다. 서울에서 오신 한국의 문화재관련 학자 네 분과 예성동호회원인 김풍식·김예식·이노영 선생과 탁본을 도와줄 충주여상고 학생 두 명이 입석마을로 향했다. 황 박사와 큐슈대

충주 고구려비 조사모습(1979.4)

충주 고구려비 조사모습 후 기념사진(1979.4)

학의 모리 · 다나까 교수는 김예식 씨의 안내를 받아 전년도인 1978년에 발견된 충주시 앙성면 봉황리의 마애불상군을 조사하러 갔고, 정박사와 이노영 선생, 학생 두 명은 입석마을에 남아 이 비석을 탁본하기 시작했다. 탁본이 완료될 무렵 봉황리 마애불상군에 다녀온 황 박사 일행과 합류해 충주시내 충인동에 소재한 山다방으로 갔다. 필자도 약혼식이 끝나 여기서 합류하여, 다방 병풍에 정박사가 가져온 탁본을 걸치고 살펴보는데 황 박사는 이미 이 비의 중요성을 간파하신 듯 갈증을 참을 수 없어 거듭 차를 주문해 우리들을 긴장시켰다. 황 박사는 이 비를 진흥대왕의 순수비로 추정했다. 비문의 서두를 '진흥대왕'으로 판독하고 이내 흥분을 감추지 못하셨다. 이 비석은 당초부터 高麗大王을 眞興大王으로 판독할 만큼 마멸이 심한, 미스테리로 가득한 금석문이었다. 황 박사는 이 비석에 대한 본격적인 학술조사를 정영호 관장에게 하명하고 일행은 귀경했다. 이틀 후인 4월 7일 오후, 단국대학교박물관에서는 교수 · 조교 · 학생 등 27

단국대학교박물관 학술조사단 펜던트

충주 고구려비 조사단 발표 취재 모습(1979.4)

명의 대규모 학술조사단을 편성해 충주 입석마을에 도착했다. 정영호 관장의 지휘로 비석에 더운물을 부어가면서 나무젓가락과 칫솔 등을 이용하여 정성스럽게 비석 전체에 덮힌 이끼와 청태 등을 제거했다. 다음날인 8일 오전부터 불순물제거작업과 병행해 탁본을 했고, 완료된 탁본은 방안의 벽면에 걸어놓고 여러 학자들이 한 글자 한 글자씩 판독에 들어갔다. 한자 한 획을 놓고도 여러 갈래의 이견들이 있었고 한 글자 한 획에 여러 학자들의 합의점이 도출되면 종이에 기록하는 난해한 작업이 아침부터 지루하게 계속 됐다. 시간은 계속 흘러가는데도 비석의 국적은 물론 정체성을 특정하지 못하였다. 그만큼 마멸이 심한 원인도 있지만 '전부대사자 하위발사자 대형' 등 고구려의 관직과 '신라토내당주 신라토내 모인삼백 신라매금' 등 마치 상대편에서 신라를 지칭하는 문구들로 판독되었기 때문에 처음부터 신라 진흥왕대의 비석이라는 선입견을 가진 학자들은 혼돈에 빠질 수밖에 없었다. 오후 3시경 뒤늦게 도착한 건국대 김광수 교수는 석문이 진행되는 방안으로 들어오기 전 문턱에 서서 벽에 걸린 탁본을 보면서 "그게 왜 진흥대왕이야 고려대왕이지" 하는 한마디의 말로, 오전·오후 내내

긴장하며 풀리지 않아 고민하던 조사단들은 일제히 "아! 아!"라는 감탄사를 연발하며 흥분하기 시작했다. 시골 마을에 대수롭지 않게 여겨지던 돌덩어리 하나가 한반도의 유일한 고구려비로 탄생되는 역사적이고도 감격적인 순간이었다. 김 교수는 조사단의 버스를 못 타서 늦게 합류했기에 진흥대왕 또는 신라비라는 선입견이 없었기 때문에 첫 글자를 '고려대왕'으로 일순간에 판독할 수 있었던 것이다. 오후 4시반경, 조사단장 정영호 관장은 "이 비는 고구려 장수왕의 남진정책을 기념하기 위해 고구려의 국원성이였던 충주에 세운 고구려의 비석"이라는 놀랄만한 결과를 발표하게 된다. 이후 4월 22일, 단국대박물관에서는 학계의 원로교수들과 전문학자들을 고구려비 현장으로 초빙해 석문작업과 각자의 의견을 수렴했다. 이 비는 한국유일의 고구려비로 장수왕대의 고구려와 신라의 관계를 기록한 것이 분명하다고 합의됐다. 이때 현장에 참석한 원로학자들은 다음과 같다. 이병도 · 최영희 · 황수영 · 이기백 · 변태섭 · 김철준 · 진홍섭 · 김동현 · 임창순 · 신석호 · 박노춘 · 권오돈 · 김정기 · 안휘준 · 김석하 · 차문섭 · 신형식 · 서길수 등 한국 최고의 전문가들에 의해 고증된 이 비가 '고구려비'라는데 한 사람의 이견도 없었다. 이와 같은 과정과 학자들의 엄중한 노력에 의해 "충주 고구려비"가 탄생한 것이다.

故 황수영 박사의 조사 모습(1979.4)

같은 해 6월 9일 단국대학교박물관이 주최한 충주고구려비학술회의에서 이병도 · 이기백 · 변태섭 · 임창순 · 신형식 · 김정배 · 이호영 선생의 발표가 있었고 연구자들은 『삼국사기』의 내용과 비문에 보이는 년간기를 비교 유추하여 건비연대에 접근하는 방식으로 열띤 토론을 진행하였다. 이 회의에서 두계선생은 建興四年銘의 제액유무를 말하여 논란이 되기도 하였고

충주 고구려비 명문 판독 모습(2000.2)

이호영 선생은 비의 머리 부분에 □□七年銘의 제액이 있다는 주장을 펼치기도 하였다. 이러한 연구 성과는 단국대학교 『사학지』 13호로 발간되었다.

그 후 충주 고구려비 발견 20주년을 맞아 고구려연구회(회장 서길수)에서 비석의 새로운 究明을 위한 국제학술회대회를 2000년 10월 13 · 14일 세종문화회관 컨퍼런스 홀에서 개최하였다. 이에 앞서 같은 해 2월 22~26일 4박5일 동안 충주에서 고구려비의 새로운 해석을 위한 신석문 작업을 진행하였는데 50여 명의 고대사 · 금석문과 관련한 역사학자들이 참여하여, 기왕에 판독된 200여 자의 글자 중에서 10분의 1이 넘는 20여 자를 새로 확인하는 성과를 거두기도 했다. 석문 과정은 정확성을 기하기 위하여 탁본 · 흑백촬영 · 컬러촬영 · 적외선촬영 등 4가지 방식으로 검토하였다. 당시까지는 고대 금석문의 한 글자를 4가지 유형으로 조사한 예는 없었으며 충주 고구려비는 우리나라 석조문화재 조사에서 군사 장비인 적외선촬영이 시도된 첫 사례가 된다고 하겠다. 이러한 연구 성

충주 고구려비 관련 조사 및 학술대회 연표

일자	내용
1976년 3월	마을 어귀에 화단을 조성하고 칠전팔기 마을 비 옆에 충주 고구려비를 함께 세움
1979년 2월 말	예성동호회(회장 유창종, 현 유금와당박물관장) 입석마을 조사
1979년 3월 말	장준식(현 국원문화재연구원장)이 단국대학교 측에 비석에 관한 제보
1979년 4월 5일	오후 1시 40분경 황수영, 정영호 박사가 입석마을에 도착하여 비석확인 대왕, 국토, 동주 등 확인, 전면과 좌측면 탁본 진행 전면에 10행, 좌측면에 7행, 각 행마다 20여 자씩, 모두 400여 글자 추정 -신라토내, 사지, 상하 등 글자 판독 -신라 석비로 추정
1979년 4월 7일	단국대학교 사학과 고적조사단의 조사 정영호, 차문섭, 박천규, 이호영, 김상현, 남풍현, 장명환, 이화숙 등 단국대 교수 및 정장호(세종대) · 김광수(건국대) · 장충식(동국대) 등 외부 교수 3명 포함 11명의 교수진과 16명의 단국대학교 학생들로 구성
1979년 4월 8일	오전 6시~오전 11시 : 이끼 제거 작업 오전 11시 : 고유제를 올린 뒤 탁본 진행 오후 2시 : 전부대사자, 절교사, 제위상하, 십이월이십삼, 모인삼백, 신라토내당주, 하부수위사자, 모인신라토내중인, 국토, 고모루성수사하부 등의 명문 확인 오후 3시 20분 : 고려태왕 판독, 고구려비로 판명 오후 4시 : 정영호 단장 조사 결과 발표 1. 고구려 석비로 발표 2. 고구려가 한강유역을 개척한 척경비로 추정 3. 5세기 말 고구려 전성기에 조성된 것으로 추정 오후 8시 : 훼손 방지를 위해 충주 고구려비를 마을 창고로 이전
1979년 4월 9일 ~6월 1일	제3차~제7차 현지 조사 실시
1979년 6월 9일	단국대학교 학술좌담회 개최
1981년 3월 18일	국보 제205호 지정
1981년 8월	중원군에서 보호각 건립
2000년 2월 22일 ~26일	예성문화연구회, 고구려연구회 주관 "중원고구려비 신석문 국제워크샵" 개최(충주시)
2009년	충주 고구려비 전시관 및 역사공원 조성 사업 추진
2010년 12월	문화재청의 문화재지정명칭 일제정비사업의 일환으로 "중원고구려비"에서 "충주 고구려비"로 명칭 변경
2012년 7월	충주 고구려비 전시관 건립 및 개관
2019년 11월 11일	한국교통대학교 중원학연구소 주관, 한국교통대학교박물관 · 교양학부 · 한국고대학회 주최 "충주 고구려비 발견 40주년 기념 학술대회, 충주 고구려비의 어제와 오늘" 개최
2019년 11월 22일	동북아역사재단, 한국고대사학회 주관 "충주 고구려비 발견 40주년 기념학술회의" 개최

충주 고구려비 관련 학술대회 발표집

충주 고구려비 관련 단행본

과는 그 해 12월 『고구려연구』 10호로 간행되었다.

　2004년 10월 고구려비를 방문한 당시 유홍준 문화재청장이 고구려비 보존의 문제점과 환경오염 등을 제기하며 종합정비계획을 지시함으로서 현재의 모습으로 전시관이 준공되었다. 2010년 4월 착공된 전시관의 설계는 승효상 대표

충주 고구려비 전시관 전경(2022.1)

충주 고구려비 전시관 입구 전경(2022.1)

충주 고구려비 전시관 내의 충주 고구려비 모습(2022.1)

의 작품으로 그의 건축철학이 녹아든 전시관이 우리의 눈앞에 와 있게 됐다.

충주 고구려비는 발견당시부터 마모가 심하여 내용 전체를 확인하기가 불가한 상태이지만, 발견 당시부터 오늘에 이르기까지 한·중·일 학자들의 부단한 노력에 의해 그동안 많은 연구 성과들이 축적되었다. 그뿐만 아니라 한국고대학회, 고구려 발해연구회, 동북아역사재단 등에서 과거의 석문작업에서 진일보한 3차원모델 렌더링방식인 노말맵·AO맵·표면질감맵·심도맵 등 과학적 방법을 대입하여 석문작업과 입비연대의 추정을 위한 노력을 진행하고 있어 결과가 주목된다고 하겠다. 특히 어려운 여건에서도 한국교통대학교박물관이 12번째 기획하고 개최하는 "중원문화학술포럼"은 충주 고구려비를 심도 있게 考究하는 시간과 場을 마련하였다는 커다란 의미가 있다고 하겠다. 본 학술포럼은 고구려사 복원의 초석이며 나아가 우리나라 고대사정립의 한 프로세스라고 생각하며 오늘 포럼에서 충주 고구려비의 실체적 진실이 담보되기를 기대한다.

장준식 (국원문화재연구원장)

충주 고구려비 발견 40주년 기념 학술대회 장준식 원장 강연 모습(2019.11.11)

한국교통대학교 옴니버스 특강 후 백종오 교수, 유창종 관장, 장준식 원장 기념사진(2019.9.26)

충주 고구려비의 발견과
역사학적 의의

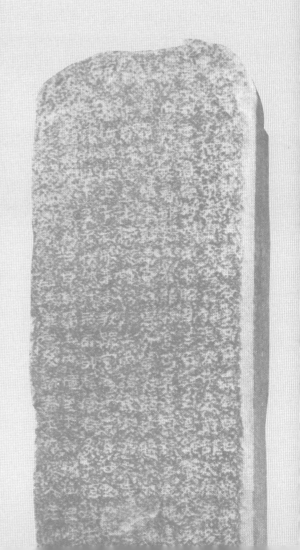

I. 머리말

충주 고구려비가 발견 조사된 지 벌써 40년이 흘렀다. 이 비의 발견과 조사는 당시로서는 한국 역사학계에 엄청난 충격을 안겨준 일대 사건이었다. 이 비석은 고구려에 의해 조성되었다는 사실뿐만 아니라 그것도 남한 지역인 충주에서 발견되었다는 사실 그 자체는 역사학계에 메가톤급의 폭탄과 같은 존재로 각인되었다. 이로 인해 그간 진행되었던 고구려사의 연구는 물론 삼국 항쟁기의 역사를 다시 돌아보게 되었고, 고구려사 연구 역시 활기를 띠게 되는 전기를 맞이했다.

비석은 은사이신 정영호 교수님에 의해 발견되었고, 필자는 사학과 3학년이었지만, 전 조사에 선생님을 따라 참여했기에 장시의 정황을 소상히 기억하고 있다. 본고에서는 충주 고구려비의 발견 경위와 역사적 의의에 대해 간략히 서술하고자 한다.

II. 발견 경위

이 비석은 충청북도 중원군 가금면 용전리 입석부락 어구에 자리하고 있었다. 옆에는 "七顚八起의 마을"이라 새겨진 비석과 나란히 세워져 있었다. 이 비석을 처음 조사한 것은 충주를 중심으로 역사를 연구하던 예성동호회였지만, 비석이라기보다는 백비라는 결론을 내렸던 것으로 기억한다. 하지만, 조사에 참여했던 당시 충주 북여중 교사로 재직하던 장준식 선생(현 국원문화재연구원 원장)이 "조사에서는 백비라 했지만, 아무래도 글씨가 있는 것 같다"는 제보에서 비롯되었다. 당시 장준식 선생은 단국대학교 대학원 사학과에 재학 중이었는데, 정영호 선생께 이같은 사실을 알렸던 것이 비석 발견이 발단이 되었다. 이 때가 1979년 3월 하순경이었던 것으로 기억된다. 이후 4월 5일 정영호 교수께서는 현지를 답사하셨고, 이날 아주 늦은 시간에 필자에게 전화를 하셨다. 당시 선생께서는 아주 흥분된 음성으로 "박군, 내가 충주 다녀왔는데, 신라비가 또 발견된 거 같다. 비문에 고졸한 예서체가 작년에 발견했던 단양 적성비와 매우 유사하다시며 내일 아침에 일찍 학교로 나오라고"하신 말씀이 아직도 생생하다. 선생님 말씀대로 다음날 일찍 학교에 가 박물관장실에서 선생님을 뵈오니 탑본을 펼쳐 놓고 판독하고 계셨다. 글자가 보인다고 하시는데, 학부생이었던 필자는 어렴풋이 글자의 윤곽만 알 수 있었다. 선생께서는 4월 7일에 조사를 진행할테니 탁본에 필요한 학생들을 소집하라고 말씀하셨다. 그러시면서 "비석에 이끼가 잔뜩 끼었는데, 제거할 방법도 함께 생각하자" 하셨다. 보존과학이 발달된 지금에서는 이는 아무 문제가 아니었지만, 당시에는 이 역시 쉽지 않은 문제였다. 선생님과 여러 방안을 논의 하던 중 목욕탕을 떠 올렸고, 이끼를 때 불리듯이 뜨거운 물을 수건에 적셔서 불리는 방법이 제일 좋겠다는 결론에 도달했다. 이를 위해 사학과에 집에서 못쓰는 칫솔과 나무젓가락을 최대한 모아달라는 내용을 공지했던 기억이 새롭다. 4월 8일 출발일에는 많은 선생님들과 학교 버스를 이용해 충주로 출발했다. 당일은 마침 비가 부슬부슬 내렸고, 충주에 도착하니 더 많은 비가 내렸다. 이로 인해 비석은 물기를 흠뻑 먹은 상태였다. 비석을 중심으로 텐트를 치고, 준비된 버너를 이용해 물을 끓여 수건을 이용해 비석의 이끼를 불리고 제거하는 작업을 반복했다. 이같은 작업은 다음날까지 진행했고, 오전에는 비석에 조금의 손상없이 네 면을 가득 덮고 있던 이끼의 상당부분을 제거할 수 있었다. 11시경 고유제를 지내고, 본격적인 조사에 착수했다. 비문의 판독을 위해 동행하신 선생님들은 모두 당시 마을회관의 방에 계셨고, 필자를 위시한 학생들은 선생님들께서 판독을 하실 수 있도록 계속 탁본을 진행했다. 한참의 시간이 지나도록 탁본작업과 이를 이용한 판독 작업이 계속되었고, 신라비가 아닐 가능성이 제기되기 시작했다. 당시 팔자로서는 잘 알지 못했지만, 비문의 내용에서 "前部大使者", "下部", "使者", "古牟婁城" 등 고구려와 연관된 내용이 확인된다는 사실이 알려졌다. 게다가 신라비라면 신라가 문장의 주어로 등장해야 하는데, 술어로 보인다는 점이 더욱 그러하다는 말씀을 들을 수 있었다. 탁본에 열중하며 간간이 판독의 소식을 접하던 중 정영호 선생님께서 탁본현장에 나오셔서 "박군 비문의 첫머리를 세밀히 탁본하라"는 말씀이 있으셨고, 급기야는 선생님과 비문의 획을 하나하나 문질러 이끼를 제거하고 세밀하게 탁본한 결과 "高麗"라는 명문이 정영호 선생님에 의해 판독되었다. 비석의 주인공을 밝히겠다는 선생의 집념이 신라비로 알고 조사에 임했던 조사단 전원에게 한반도에 건립된 유일한 고구려비임을 확인시켰다. 당시 이 현장을 지켜봤던 학생들은 모두 박수를 치고, 환호했고, 선생의 눈가에 흐르는 뜨거운 눈물을 곁에서 볼 수가 있었다. 이런 과정을 거쳐 용전리입석부락 앞을 지키며 마을의 수호신, 아들 낳은 소원을 이루게 했던 입석은 충주 고구려비로 재탄생하게 되었다. 1차 조사 직후 비석은 훼손을 막기 위해 바로 인근에 자리한 새마을 창고로 이전하는 보호조치를 취했다.

이후 12번에 걸쳐 조사가 더 이루어졌던 것으로 기억된다. 이로 인해 필자의 대학 3학년 생활은 오로지 충주 고구려비와 함께 보냈던 시간이었다. 늘 선생님을 모시고, 탁본과 판독을 하며 유물에 대한 자세와 학문에 대한 열정을 더할 수 있었던 값진 시간이었다.

III. 역사 · 고고학적 의미

충주 고구려비의 발견과 이에 따른 조사는 고구려와 신라사를 위시한 삼국시대사 연구 전반에 활력을 불어넣었다. 뿐만 아니라 이를 계기로 고구려와 신라가 접경을 이루었던 한강 유역을 비롯해 충주를 위시한 남한강 유역과 소백산백 주변에 자리한 유적과 유물에 대한 관심과 연구가 활성화되는 계기를 마련했다. 이를 간략히 정리해 보면 다음과 같다.

1. 삼국사기 지리지와 여러 문헌에 기록된 한강 이남지역에서 고구려와 관련된 내용이 사실임을 확인시켰다.

『삼국사기』권35 「잡지」4에서는 "중원경은 본래 고구려의 국원성인데, 신라가 평정하여 진흥왕이 소경을 설치하였다"라고 기록하고 있다. 이 기록의 국원성은 바로 중원경이 설치된 충주지역으로 이를 통해 고구려가 충주지역까지 진출했음을 알 수 있다. 이 기록의 정확성을 충주 고구려비는 바로 입증해 주었다. 이와 더불어 『삼국사기』지리지에는 고구려가 설치했던 군현명이 기록되어 있는데, 그 남쪽 범위는 안성천 유역, 남한강 상류 지역 등은 물론 영남 북부 지방까지 포함되어 있다. 이 기록을 그대로 역사적 사실로 인정하기에 아직도 의문이 많다. 왜냐하면 고구려가 지리지의 기록과 같이 정연한 군현제를 시행하였다는 기록을 본기에서 찾기가 어렵다. 더구나 한강 유역 일대는 대부분 고구려 진출 이전에 백제의 영역이 분명한 지역이지만 이와 관련된 언급도 없기 때문이다. 그러나 이를 긍정할 수 있는 기록이 전혀 없는 것도 아니다. 『삼국사기』본기에는 475년 전후 고구려군이 백제 및 신라군과 전투한 기록이 있다. 그 기록에 등장하는 지명 중 현재의 청주 부근으로 추정되는 살수지원이 보이고, 호명, 미질부 등 영남 북부 지역의 지명도 눈에 띄고 있다. 6세기 중반까지 도살성, 금현성 등 현재의 증평과 진천 일대에서 삼국의 세력이 서로 대치했던 기록도 있다. 이런 기록을 보면, 『삼국사기』지리지의 고구려 군현명 기록을 허구라고 단정하기에는 무리가 있다고 생각한다.

1970년대까지 이런 기록들에 대한 구체적인 연구는 거의 없었다. 한강 유역 일대는 대체로 백제의 영역이었다가 6세기 중반 이후 신라가 차지하였다는 것이 대세였다. 하지만 1979년 충주에서 「충주 고구려비」가 발견되면서 고구려의 남진은 보다 구체적인 역사적 사실로 다가왔다. 무엇보다 백제나 신라의 영역으로 인식되었던 충주에서 고구려비가 발견되었던 것은 기존의 한국고대사 체계를 재검토할 수 있는 일대 사건이었다. 게다가 이 비문에 『삼국사기』등 문헌기록에서는 보이지 않는 5세기 고구려·신라 관계, 고구려 관등조직, 인명표기방식 등이 새겨져 있었다.

「충주 고구려비」는 발견 직후, 대부분의 연구가 주로 비문의 판독, 건립 연대, 건립 목적 등을 중심으로 이루어졌다.[01] 특히 비문에 새겨진 인명·용어·지명 등을 판독하고 그 의미와 내용을 파악하는데 초점이 맞추어졌다. 하지만 판독과 관련하여 다양한 쟁점이 나타나면서 비문의 내용을 파악하는데 한계가 있었다. 아직까지도 충주 고구려비에 대한 통일된 판독문은 없다 해도 과언이 아니다.[02] 이런 어려움에도 불구하고 1980년대 초반까지 충주 고구려비는 한국고대사 연구의 핵심적 연구 성과를 남기기도 하였다. 다만 이후 충주 고구려비와 관련된 연구가 크게 진척되지 않았는데 주된 원인은 결국 판독 문제였다.

2. 역사 고고학적 측면에서 고구려 유적에 대한 연구가 활발히 진행되는 계기를 마련했다.

문헌사에서 「충주 고구려비」 연구가 상당한 성과를 축적하면서 역사고고학적에서도 충주 지역과 고구려의 관계에 대한 관심과 연구가 본격화되었다. 「충주 고구려비」 이외에도 고구려 남진과 관련된 또 다른 고구려 유적이 충주 지역에 존재할 것으로 추정되었다. 『삼국사기』 지리지에 충주는 고구려의 국원성이 있었던 곳으로 신라가 차지하여 국원소경을 설치하였다고 기록되어 있다. 실제로 「충주 고구려비」 인근에는 봉황리마애불, 장미산성, 탑평리사지, 하구암리고분군, 누암리고분군 등 국원성 및 국원소경 등 고대도시와 관련된 유적들도 밀집되어 있었다. 지리적으로 충주는 중부내륙지역의 교통의 요지로서 남한강수

---

01 단국대학교 사학회, 1979, 『사학지』-중원고구려비 특집호-13. 참조.
02 비문의 판독은 연구의 가장 기초로 정확한 내용을 파악하기 위해서는 필수적이었다. 다만 발견 당시부터 판독이 가능한 글자는 50%도 되지 않았고 그마저 내용을 파악할 수 있는 것은 또 판독 가능한 글자의 절반 정도뿐이었다. 2000년 고구려연구회의 주관으로 재판독 작업이 실시되었지만 19자 정도를 더 판독하는데 그쳤다. 지금까지도 충주 고구려비의 연구에 가장 큰 걸림돌이 판독 문제이다.

로, 계립령과 죽령 등 수륙교통의 요지였다. 또한 삼국시대 이후 한국의 대표적인 철산지로도 알려져 있었다.

이러한 충주 지역의 역사지리적 맥락이 근거가 되어 고구려가 남진 거점으로 충주에 국원성을 설치하였고, 다시 후일 신라가 이를 차지하여 한강 유역 진출의 거점으로 삼았다는 견해들이 주목을 끌게 되었다. 여기에서 더 나아가 삼국의 왕경은 아니었으나 삼국의 문화가 모였다가 주변으로 전파되는 거점이나 통로로서 충분한 역할을 하였다는 점을 들어서, 충주를 중심으로 중원문화권을 설정할 수 있다는 논의도 등장하였다.[03]

이 같이 「충주 고구려비」 발견 이후 충주 지역은 점차 삼국의 문화가 교차하던 고대문화의 보고로 인식되었고, 그 덕분에 학술조사도 진행되었다. 1980년대에는 주로 충주시 일대 유적에 대한 지표조사가 집중적으로 실시되었다. 그 결과 곳곳에 산포된 유적 현황이 속속 알려지게 되었고 이를 바탕으로 국원성, 국원소경 등 고대도시의 경관이나 위치 등에 대한 연구와 관심도 높아졌다. 1990년대 들어서면서부터는 탑평리사지,[04] 누암리고분군,[05] 단월동고분군,[06] 충주산성[07] 등에 대한 발굴조사가 실시되었고 그 결과를 바탕으로 국원성과 국

---

03 중원문화권이라는 개념이 등장한 것은 1980년대 전국을 5대 문화권으로 구분하여 지방문화를 활성화한다는 차원에서의 제시된 임의적인 구분이었다. 「충주 고구려비」 발견과 충주댐수몰지구 발굴조사 등 충주 일대에서의 조사 성과를 바탕으로 별도의 문화권을 설정할 필요가 있다는 견해들이 제기되었다. 그 결과 1983년 10월 충주시가 한국미술사학회에 의뢰하여 개최한 중원문화학술회의에서 본격적으로 「중원문화권」이란 용어가 제기되었다. 이후 범위나 성격에 대한 논란이 있기도 하였지만 대체로 충주와 청주 일대를 포함하는 문화권을 지칭하는 관용적인 용어로 사용되고 있다.

04 한국교원대학교 박물관, 1993, 『중원 탑평리사지 발굴조사보고서』; 1994, 『중원 탑평리사지 2차발굴조사보고서』.

05 충북대학교 박물관, 1993, 『중원 누암리고분군』.

06 충주시박물관, 1992, 『단월동 고려묘 발굴조사보고서』.

07 충주산업대학교 박물관, 1994, 『충주산성 1차발굴조사보고서』; 1995, 『충주산성 2차발굴조사보고서』.

원소경의 위치나 구조 등에 대해서도 연구가 이루어졌다.[08]

　1990년대 중반부터 중국의 동북공정이 국내에 소개되면서 고구려역사와 유적에 대한 관심이 커지던 시기이다. 이 당시 서울 일대에서는 아차산보루군, 몽촌토성 고구려군사유적 등이 조사되었고 양주 일대에서도 다수의 고구려보루들이 조사되어 알려졌다. 연천 호로고루, 당포성, 은대리성 등 고구려성과 그 주변 임진강 유역에서도 고구려보루가 다수 발견되었다. 포천 반월산성에서도 고구려 토기가 출토되어 고구려가 일시적으로 활용하였던 정황이 나타났다. 금강 유역에서도 고구려 성곽이 출토되었는데, 청원 남성골산성, 대전 월평동산성 등이었다. 진천 대모산성에서도 고구려 유물이 섞여 있어 여기도 고구려가 한때 사용하였을 가능성이 제기되었다. 한강 유역은 물론 금강 유역 일대에서도 고구려 유적이 확인되면서 충주 그 가운데에서 일개 거점으로 기능하였을 가능성은 점점 높아졌다.

　하지만, 「충주 고구려비」 발견 이후 2000년대 초반까지 충주 일대에서 상당수의 유적이 발굴조사를 거쳐서 그 성격이 규명되었지만, 고구려와 관련된 직접적인 유적은 찾기 어려웠다. 고구려 남진의 거점으로 추정되던 국원성이 충주에 있었다면, 이런 상황은 이해되지 않았다. 이 당시 봉황리마애불, 장미산성, 건흥오년명금동불광배, 탑평리출토 막새기와 등이 고구려와 관련된 것으로 추정되기도 하였다. 봉황리마애불, 건흥오년명금동불광배, 탑평리 막새기와 등은 고구려의 영향을 받았던 것은 인정되지만, 이 유물의 편년은 국원성 설치 시기로 추정되는 5세기 후반과 일치하는 것이 아니었다. 학자들 사이의 견해 차이는 있지만, 이들 대부분은 6세기 중반 이후로 편년을 설정하는 것이 대세였다. 그렇다면 이것들은 신라와 관련될 가능성이 컸다.[09] 「충주 고구려비」와 관련하여 국원

08　이 당시의 유적과 유물 조사와 연구는 장준식에 의하여 정리되었던 적이 있다(장준식, 1998, 『신라중원경연구』, 학연문화사).

09　탑평리 출토 막새기와는 탑평리사지 발굴조사시 신라말 고려초의 문화층에서 출토되어 이 시기에 제작되어 사용되었던 것으로 추정된다.

성 또는 국원소경과 관련하여 가장 주목을 받던 유적은 장미산성이었다. 2003년 장미산성에 대한 발굴조사도 이루어졌다.[10] 하지만 고구려와 관련된 유물은 한 점도 출토되지 않았다. 반면에 설봉산성, 설성산성 등에서 출토된 것과 유사한 백제 토기가 출토되어 백제가 초축했을 가능성이 높았다.

이 같이 충주 고구려비를 제외하면 고구려 진출을 보여주는 유적이 없어서, 충주 지역에 고구려의 국원성이 설치되어 남진의 거점으로 활용되었다는데 의문도 있었다. 그런데 2006년 대소원면 두정리에서 폐기물 소각시설 '클린에너지파크'를 조성하기 위해 실시된 지표 조사에서 고분이 확인되었다. 2007년 발굴 조사를 실시한 결과, B지구에서 고구려석실분 6기, 단야로 3기, 구덩 유구 4기, 온돌 유구 1기 등이 확인되었다. 1호분을 제외한 나머지는 연도가 모두 오른쪽에 있었던 것으로 보이며, 바닥은 불다짐으로 정지하였던 것으로 추정된다. 2호분은 벽면에 회칠 흔적도 보였다. 이밖에 2호분과 4호분은 추가장이 이루어졌을 것으로 추정되기도 하였다.[11]

두정리 고구려고분군은 한강 이남 지역에 발견된 고구려고분 중 한 곳에서 가장 많은 수가 발견된 것이다. 그동안 고구려고분은 남한지역에서 곳곳에 발견되지만, 대체로 1기나 2기 정도가 독립적으로 발견될 뿐 여러 기가 밀집되어 발견되지 않는다. 성남 판교, 용인 수지, 화성 동탄 등지에 고구려토기를 부장한 석실분이 출토되었지만 모두 1기만 발견되었다. 가평 신천리, 춘천 중도 등에서 발견된 고구려 석실분도 각각 1기만 발견되었다, 홍천 역내리고분군에서는 신라고분과 섞여서 1기의 고구려계고분이 출토된 적이 있다. 하지만 춘천 방동리, 연천 신답리 등에서는 고구려 고분 2기가 각각 발견되었다.

두정리를 제외한 다른 지역에서도 여러 기의 고구려고분이 있다가 하나만 잔존하고 나머지는 사라졌다고 볼 수 있다. 하지만 주변 지역에 대한 조사에서 동시기 다른 고분이 존재하였던 사례를 찾기 어렵다. 또한 홍천 역내리와 같이 다

---

10 중원문화재연구원, 2006, 『충주 장미산성 1차발굴조사보고서』.
11 중원문화재연구원, 2008, 『충주 클린에너지파크 조성부지내 두정리 유적』.

수의 신라 고분에 1기가 섞여 나오는 상황도 있다. 여기에서 출토유물도 많지 않고 고구려토기 한 두점만 부장했던 것도 특징이다. 이런 양상으로 보아, 한 세대 이상 그 문화 현상이 이어졌다고 보기 어렵다. 따라서 고분의 주인공도 고구려인이 아니라 고구려와 관련된 재지세력으로 파악된다.

이런 측면에서 충주에서 고구려 고분이 6기가 밀집되어 출토된 것은 의미하는 바가 크다. 적어도 2세대나 3세대에 걸쳐서 고구려의 고분 문화가 유지되었던 것이다. 이는 충주 지역에 고구려의 영향력이 강하게 미쳤던 사정을 짐작해 볼 수 있는 단서가 된다. 두정리고분군의 주인공이 고구려인일지 아니면 재지세력일지 분명하지는 않다. 하지만 6기 정도의 고분이 밀집된 것을 보면, 이 고분을 축조한 집단이 상당기간 고구려와 관련을 가지고 모종의 임무를 수행하였던 사정도 짐작된다.

이 고분이 위치한 충주시 대소원면 두정리 일대는 삼국시대부터 충주의 특산품이었던 철산지로도 주목된다. 1980년대까지도 충주광산이 두정리 북쪽에 인접한 만정리에서 운영되었다. 대소원면에는 고려시대 철생산지 다인철소도 있었다. 대소원면 일대에서는 지표조사 과정에서 41기의 야철지가 발견된 적도 있다. 충주 일대에서는 여러 지역에서 철생산과 관련된 유적이 출토되지만, 그 중에서도 대소원면 일대에 밀집도가 가장 높다.

두정리고분군 주변에서 단야로가 발견되었던 것을 보면, 두정리고분군을 축조한 세력은 철생산과 관련되었을 가능성이 있다. 남한에서 가장 많은 수의 고구려고분이 밀집되어 출토되었던 배경도 고구려가 충주 지역의 철생산에 주목하였던 것이 아닐까 한다. 충주 지역을 군수 거점으로 삼아 그 전방의 금강 유역이나 신라 전선을 지원하기 위해서 두정리고분 축조 세력과 제휴하였을 가능성이 보인다. 이것을 다시 「충주 고구려비」 관련하여 검토하면 「충주 고구려비」의 건립 배경을 이해하는데 하나의 단서가 될 수도 있다. 고구려는 충주 지역에 국원성을 설치하고 신라 매금을 불러서 형제관계를 표방하며 일종의 평화조약을 맺고자 하였는데, 군사와 경제적 측면에서도 신라가 충주 지역으로 진출하려는 것을 막으려 했던 것이 아닌가 한다. 신라의 충주 진출은 결과적으로 고구려 대 백제전선의 붕괴를 의미하기 때문이다. 이와 관련하여 지금까지 출토된 남한 지역의 고구려 유적을 살펴보자.

남한 지역에서 발견되는 고구려 성곽은 한때 고구려의 최전선에 해당되는 지역이다. 고구려가 남성골산성을 거쳐서 월평동산성까지 진출하였던 시기는 출토된 고구려토기의 편년으로 보아 5세기 후반 경으로 추정되고 있다. 이 시기 아차산보루군에서 금강 유역에 이르는 지역에 고구려 성곽으로는 최근 발굴된 안성 도기동산성과 진천 대모산성이 있다. 그 사이에는 전술한 성남, 용인 등지의 고구려고분 등이 위치하고 있다. 서울에서 청주나 대전 사이 상당히 떨어진 공간을 메우기에는 사실 이 정도의 유적으로는 어떻게 보급로를 유지하였을지 의문이 든다. 앞으로 조사가 진척되어 그 사이를 메워 줄 수 있는 고구려 유적이 출토될 가능성도 배제할 수는 없다. 하지만 지금까지 역사고고학 자료와 그 연구 결과를 놓고 보면, 여전히 의문이 많이 남는다. 이것이 충주 고구려비 발견 이후 30년간 남한 지역에서 많은 고구려 유적이 출토되었지만 그 역사적 맥락을 살펴보기 어려운 이유이다.

일단 고구려가 백제 왕도인 웅진의 턱밑까지 남진했던 것은 분명한 역사적 사실로 보인다. 다만, 그 흔적이 고고학적으로 발견되지도 잘 설명되지도 않는 것이다. 신라가 한강유역으로 북진하는 과정에서 촘촘히 산성을 축조하며 진출하고 영역화를 진행하였던 것과 비교하면 더 이해하기 어렵다. 고구려의 남진과 신라의 북진 사이에 시간적 공백이 그리 크지 않았기 때문이다. 사실 이 두 과정은 한반도 중부지역의 패권을 둘러싸고 벌어진 상호작용이었다. 이 문제에 대한 해답을 고구려의 독특한 정복지 관할 정책과 병참지원체계와 관련하여 살펴보아야 할 필요가 생긴다. 결국 이 문제는 「충주 고구려비」의 건립 배경이나 목적과 연결되어야 풀릴 수 있다. 「충주 고구려비」 내용은 5세기 중반의 고구려와 신라 관계와 부합되고 있다.

「충주 고구려비」의 건립시기는 처음 421년설, 475년설, 481년설 등[12] 여러 이견이 있었고 나중에 이것이 「충주 고구려비」 내용과 부합되지 않는다는 것이

---

12 단국대학교 사학회, 1979, 『사학지』 13 참조.

지적되어 449년설[13]이 제시되었다. 그 후 대체로 481년과 449년이 대세를 이루고 있는 것 같다. 국원성도 설치되었다면 아마 「충주 고구려비」 입비 시기와 큰 차이가 없을 것이다. 다만 국원성과 관련된 성곽이 충주 지역에서 아직 밝혀진 적이 없어서[14] 국원성을 성곽으로 보아야 하는지 일종의 행정구역으로서 보아야 할지 향후 연구과제라 하겠다.

하지만, 「충주 고구려비」나 두정리고구려고분군 등으로 보아 5세기 후반이후 충주 지역이 고구려의 상당한 영향에 놓여 있었던 것으로 보인다. 당시 백제는 웅진으로 천도하여 국가체제를 수습 중이었고 신라는 대체로 소백산맥 일대를 경계로 고구려군의 남하에 대비하고 있었다. 『삼국사기』에는 이 시기 신라의 북방에서 고구려와 신라의 전투기록이 간간이 보이고 있다. 동시기 고구려군은 충주와 진천을 관통하여 청주 및 대전 지역에 진출해서 백제를 압박하였다. 이러한 배경을 보면, 고구려는 신라보다는 백제를 견제하는데 전략 목적을 집중하였던 것으로 파악된다. 반면에 신라와 백제는 점차 동맹을 강화하여 고구려에 공동으로 대항하고자 하였다.

이러한 사정에서 고구려는 신라를 백제와 분리할 필요가 있었을 것이다. 「충주 고구려비」로 상징되는 고구려와 신라의 화약이 이루어졌다면, 고구려는 직접적인 지배를 하지 않아도 간접적인 지배만으로도 한강 유역 일대를 세력권에 포함할 수 있었을 것이다. 이 경우 뚜렷한 고고학적 흔적이 남아 있을 가능성이 희박하다. 물론 이러한 불철저한 지배체제가 신라에게 한강 유역을 탈취당하는 결과로 연결되었다.

---

13 김창호, 2000, 「중원고구려비의 건립연대」『고구려연구』 10 -중원고구려비연구-, 고구려연구회.

14 고구려가 국원성을 설치하였다면, 그것은 성곽의 형태였을 것이다. 하지만 충주 지역의 성곽 중 국원성에 비정할 수 있는 유적은 아직 없다. 탄금대토성은 발굴조사 결과 백제와 관련된 것으로 보이고 남산성 역시 신라의 산성으로 알려져 있다. 장미산성에 대한 발굴조사는 아직 미진하여 더 조사가 이루어져야 분명해지겠지만 현재로서는 고구려과 관련된 흔적이 발견된 적이 없다.

이러한 가정을 한다면, 고구려는 「충주 고구려비」건립을 계기로 이 지역에 남진을 지원하기 위한 거점을 설정하였을 가능성이 있다. 다만 그것이 성곽을 쌓고 그곳에 고구려의 군대를 주둔시키면서 주변 지역의 촌락을 지배하는 형태는 아니었던 것으로 보인다. 두정리고분군 축조세력과 같은 재지세력의 기득권을 인정하며 소수의 군사로 정치와 군사적 목적을 수행하도록하였던 것이 아닌가 한다. 이는 한강 이남 지역에 일반적으로 이루어졌다고 본다면, 곳곳에서 발견되는 1~2기의 고구려 고분이 그런 흔적의 하나라고 볼 수 있다. 더불어 아차산 보루로부터 충주에 이르는 구간에서 단 한 곳의 고구려 유적이 확인되지 않는 것도 이 같은 추정을 가능케 한다. 하지만 도기동 산성을 보면, 다른 한 가지 가능성도 여전히 남아 있다. 도기동산성은 백제가 축조한 성곽을 고구려가 점령하여 활용한 것이다. 장미산성이나 탄금대토성이 아직 더 조사될 필요가 있는데 여기에서도 도기동산성과 같은 현상이 나타날 수 있기 때문이다.

Ⅳ. 맺음말

1979년 「충주 고구려비」의 발견은 한국고대사 연구의 획기적인 사건이 분명하다. 그로 인해서 고구려의 남진의 실상과 고구려와 신라의 관계에 대한 새로운 해석이 가능하였다. 그런 의미에서 「충주 고구려비」는 역사적 의의가 크다. 반면에 판독의 어려움과 내용 파악에 혼선이 일어나는 것 역시 앞으로 극복해야 할 과제이다. 그렇지만 이러한 문제에도 불구하고 여전히 충주 고구려비의 가치와 의미는 아직 무한하다고 할 수 있다. 이상에서 살펴본 것과 같이 지난 30년간 출토된 남한 지역의 고구려 유적의 출토 맥락을 살펴보는데 기준이 되는 자료이기 때문이다. 앞으로도 또 다른 고구려 유적이 확인된다면, 이를 연구하고, 이를 통해 한국고대사를 해석하는 충주 고구려비가 미치는 영향이 크다고 본다. 또한 그러한 유적을 통해서 충주 고구려비에서 지워진 사실도 점진적으로 복원될 수 있을 것으로 본다.

박경식(단국대학교 석주선기념박물관장)

<参考문헌>

1. 논고

김창호, 2000, 「중원고구려비의 건립연대」『고구려연구』 10, 고구려연구회.
장준식, 1998, 『신라중원경연구』, 학연문화사.
단국대학교 사학회, 1979, 『사학지』 13.

2. 보고서

중원문화재연구원, 2006, 『충주 장미산성 1차 발굴조사 보고서』.
_____, 2008, 『충주 클린에너지파크 조성부지내 두정리 유적』.
충북대학교박물관, 1993, 『중원 누암리고분군』.
충주산업대학교박물관, 1994, 『충주산성 1차 발굴조사 보고서』.
_____, 1995, 『충주산성 2차 발굴조사 보고서』.
충주시박물관, 1992, 『단월동 고려묘 발굴조사보고서』.
한국교원대학교박물관, 1993, 『중원 탑평리사지 발굴조사 보고서』.
_____, 1994, 『중원 탑평리사지 2차 발굴조사 보고서』.

「忠州高句麗碑」의 역사성과
새로운 모색

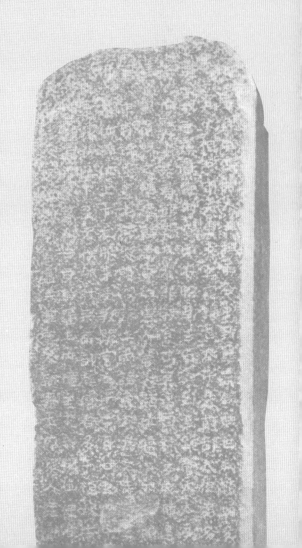

Ⅰ. 「忠州高句麗碑」의 발견과 학술적 검토

「忠州高句麗碑」[01]는 1979년 4월 5일 충북 충주시 가금면 용전리 입석마을에서 발견되었다.[02] 국내에서 발견된 유일한 고구려의 비석인 「충주비」는 발견 이후 학계의 지대한 관심 속에서 많은 연구가 이루어졌다. 특히 발견 직후인 1979년 6월 단국대학교박물관 주관으로 학술조사가 개최되어 그 성과가 집대성되었고,[03] 2000년 2월에는 고구려연구회 주관으로 「中原高句麗碑 新釋文 國際워크샵」을 개최하여 그 결과를 논문집으로 만들기도 하였다.[04] 이같이 「충주비」에 대한 연구는 꾸준히 이루어져 그 성과가 상당량 축적되었으나, 비문의 마멸이 심한 만큼 그 내용에 있어서도 일정한 한계가 있었던 것이 사실이다.

「충주비」는 「광개토대왕비」와 함께 韓國 古代史 뿐만 아니라 古代 東北亞細亞의 여러 나라들에 대한 關係史를 연구하는데 귀중한 자료이다. 이같은 점에서 韓·中·日 등 三國 歷史學界에 共同의 관심사가 되고 있으며, 비문 판독 뿐만 아니라 비문에 들어있는 내용을 토대로 高句麗史를 중심으로 한국고대사의 역사상과 중국, 일본 등 주변 국가와의 관계를 규명하는데 관심이 집중되고 있다.

---

01 1981년 국보 지정 당시 '중원고구려비'라 불렀으나, 2012년 명칭 변경을 통하여 '충주 고구려비'로 명명되었다. 이하 '충주비'로 부른다.

02 충주비의 발견과 조사 과정에 대한 사실은 '정영호, 1979, 「중원고구려비의 발견조사와 연구전망」『사학지』13, 단국대학교 사학회'에 상세하게 서술되어 있다.

03 단국대학교 사학회, 1979, 『사학지』13 중원고구려비 특집호.

04 고구려연구회 편, 2000, 『중원고구려비연구』, 학연문화사.

1979년 「충주비」가 발견된 이후 이어진 學術討論會는 「충주비」에 대한 최초의 학술적 검토라는 면에서 의미가 있다. 토론회는 4월 5일 발견 이후 6월 1일까지 7차에 걸쳐 이루어졌다. 4월 7일~8일에 이루어진 조사에는 단국대학교 사학과 및 국문과 그리고 세종대 정장호, 건국대 김광수, 동국대 장충식 교수 등 교수진 11명과 학생 16명 등 27명의 조사단이 구성되었다. 조사단은 석비의 전면과 좌측면의 바위 이끼를 제거하는 작업을 진행하였고, 원비와 탁본에 대한 검토를 통하여 명문을 판독하였다. 이 조사를 통하여 발견 초기에 신라 진흥왕비로 추정되었던 석비가 고구려 비석임이 확인되었다.

「충주비」의 명문은 4월 22일 이루어진 제3차 조사와 5월 5일~6일에 있었던 제4차 조사를 통하여 구체화되었다. 당시 사학계, 금석학계, 고고학계, 미술사학계 등 대표적인 학자들이 참여하여 원비와 탁본을 통한 명문 판독이 깊이있게 진행되었다. 이를 토대로 조사단에서 정리한 비문은 '충주 고구려비 명문1(정영호 판독)'과 같다.

조사단은 이 석비를 「廣開土大王碑」와 같은 4면비로서 상단부에 碑題가 분명하고 글자가 제일 많이 확인되는 면을 제 一面으로 한다고 이해하였다.[05] 또한 우측면에서도 '使', '小', '少' 등의 글자가 뚜렷하게 보이고, 후면 역시 刻字의 흔적이 있다고 하여 앞으로의 판독이 중요하다는 점을 밝혔다.

한편 이병도 선생은 비의 성격을 拓境碑 혹은 定界碑로 규정하고, 전면에서 碑額上에 '建興四' 세 글자의 횡서가 발견된다고 하여[06] 그 면을 제1면으로 하는 4면비로서 추정하였다. 또한 '建興'은 연호로서 비의 건립 연대를 추정하는 중요한 단서가 될 것으로 이해하였다. 추정된 판독문은 뒤의 '충주 고구려비 명문

---

05 이기백 선생은 4면비로 판단하였으나 조사단과는 다른 두 가지 견해를 제시하였다. 하나는 우측면을 제1면으로 하여 글자가 가장 많이 확인된 전면이 제2면이 되는 경우 그리고 또다른 하나는 뒷면을 제1면으로 하여 전면이 제3면이 되는 경우가 그것이다. 한편 변태섭 선생은 3면비로 이해하였다.

06 이호영 선생은 비액을 '□熙七年歲辛□□'으로 판독하여 장수왕대의 연호로 파악하였다(이호영, 1979, 「중원고구려비 제액의 신독」 『사학지』 13, 단국대학교 사학회).

2(이병도 판독)'과 같다.

이병도 선생은 비의 건립 시기를 文咨明王의 시기로 보았다. 따라서 제1면의 첫머리에 나오는 '高麗太王祖王'의 구절에 기록된 '祖王'은 長壽王을 상징하는 것으로 보고, 자연 비의 내용도 장수왕대와 문자명왕대의 역사적 사실을 기록한 것으로 이해하였다.

한편 임창순 선생은 書體를 분석하여 「충주비」의 성격을 고찰하였다. 「충주비」의 서체는 전체적으로 「廣開土大王碑」와 매우 비슷한 형태를 갖고 있으나, 運筆과 結構에서 비교할 때 「광개토대왕비」는 楷書體의 형식이지만 「충주비」는 隸意를 간직한 楷書體라는 것이다. 그러나 서체와 문체가 비록 한자로 쓰여졌다 하지만 중국풍을 따른 것이 아니고 고구려의 독자적인 기상을 나타냈다는 점을 높이 평가하였다. 임창순 선생에 의해서 정리된 판독문은 '충주 고구려비 명문 3(임창순 판독)'과 같다.

이같이 판독문은 조금씩의 견해 차이는 있으나, 4면비로서 1면은 6행 23자, 2면 10행 23자, 3면 7행 23자, 4면 9행 23자 등 모두 730자 정도 새겨져 있으나 그 중 판독이 가능한 문자는 전면과 좌측면에서 모두 약 200여 자 정도인 것으로 이해되었다.[07]

II. 「충주비」에 대한 종합적인 검토

「충주비」에 대한 종합적인 접근은 1990년대에 이루어진 『譯註韓國古代金石文』의 판독문 작업이다.

判讀字數表				
판독자	前面(전230자)	題額	左面(전155자)	계
정영호	208	2	62	272
이병도	210	6	61	277
임창순	174		42	216

07 이호영, 1979, 「中原高句麗碑 題額의 新讀」 『사학지』 13, 단국대학교 사학회, 96쪽.

1990년대에 들어와 「충주비」연구에 대한 연구 성과를 정리한 것은 서영대 선생의 글이다.[08] 이 글에서는 발견 이후 1980년대와 1990년에 이루어진 연구 성과[09]를 개관하고 「충주비」의 원문에 대한 異判讀字들을 비교 검토하였다. 또한 「충주비」의 발견이 갖는 의미를 살펴보고 비석을 둘러싼 논쟁점에 대해서도 검토하였다. 논쟁점은 대략 다섯 가지로 정리되었는데 ① 3면비 또는 4면비 ② 비의 시작면 ③ 건립 연대 ④ 비문의 내용 ⑤ 비문의 서체 등으로 요약된다. 한편 비석이 지니는 자료적 가치에 대해서도 ① 한반도에서 발견한 유일한 고구려비 ② 5세기 고구려와 신라의 관계에 대한 새로운 사실을 알려주는 중요한 자료 ③ 고구려의 인명 표기 방식 ④ 고구려 관등 조직의 정비 과정 ⑤ 고구려에서 사용된 이두 표기 등에 대한 사실을 알려주는 주요한 의미를 지니는 자료임을 거듭 강조하였다.

이곳에서 제시된 「충주비」의 원문과 譯文을 정리하면 다음과 같다.

(전면)
5월 중 高麗大王의 相王公과 신라 寐錦은 世世토록 형제같이 지내기를 원하여 서로 守天하기 위해 동으로 (왔다). 寐錦 忌 太子 共 前部大使者 多亏桓奴 主簿 道德 등이 ... 로 가서 跪營에 이르렀다. 太子 共 ... 尙 ... 上共看 명령하여 太翟鄒를 내리고 ... 寐錦의 衣服을 내리고 建立處 用者賜之 隨者 ... . 奴客人 ... 諸位에게 敎를 내리고 여러 사람에게 의복을 주는 敎를 내렸다. 東夷 寐錦이 늦게 돌아와 寐錦 土內의 諸衆人에게 節敎賜를 내렸다. (태자 共이) 고구려 국토 내의 大位 諸位 상하에게 의복과 受敎를 궤영에서 내렸다. 12월 23일 갑인에 東夷 寐錦의 상하가 于伐城에 와서 敎를 내렸다. 전부대사자 다우환노와 주부 道德이 국경 근처에서 300명을 모았다. 신라토내당주 下部 拔位使者 補奴 ... 와 盖盧가 공히 신라 영토 내의 주민을 모아서 ... 로 움직였다.
(역주 한국고대금석문 수록 역문)

08 서영대, 1992, 『역주한국고대금석문』, 가락국사적개발연구원.

09 木下禮仁, 1980, 「中原高句麗碑 -その建立年代を中心として-」『村上四男博士和歌山大學退官紀念朝鮮史論文集』; 1984, 『素軒南都泳博士華甲紀念 史學論叢』; 1993, 『日本書紀と古代朝鮮』, 塙書房; 金英夏·韓相俊, 1983, 「中原高句麗碑의 建碑 年代」『중등교육연구』 25; 木下禮仁, 1982, 「日付干支と年次 -中原高句麗碑の日付干支をめぐつて」『考古學と古代史』(同志社大學 考古學シリーズ 1); 손영종, 1985, 「중원 고구려비에 대하여」『력사과학』 1985-2; 金昌鎬, 1987, 「中原高句麗碑의 재검토」『韓國學報』 47, 일지사.

『역주 한국고대금석문』에서 제시된 역문은 이후 2000년에 이루어진 고구려 연구회의 新釋文을 참고하여 일부 수정되었고, 현재 국립문화재연구소에서 구축한 한국금석문종합영상시스템의 해석문으로 게시되어 있어 상당수의 연구자들이 참고하고 있다. 수정된 역문은 '충주 고구려비 명문4(『역주 한국고대금석문』)'과 같다.

(전면)
5월 중 고려대왕(高麗大王)의 조왕(祖王)께서 영(令) ... 신라 매금(寐錦)은 세세(世世)토록 형제같이 지내기를 원하여 서로 수천(守天)하려고 동으로 (왔다). 매금(寐錦) 기(忌) 태자(太子) 공(共) 전부(前部) 대사자(大使者) 다우환노(多亐桓奴) 주부(主簿) 귀도(貴道) 등이 ... 로 가서 궤영(跪營)에 이르렀다. 태자(太子) 공(共) ... 尙 ... 上共看 명령하여 태적추(太翟鄒)를 내리고 ... 매금(寐錦)의 의복(衣服)을 내리고 建立處 用者賜之 隨者 ... . 奴客人 ... 제위(諸位)에게 교(敎)를 내리고 여러 사람에게 의복을 주는 교(敎)를 내렸다. 동이(東夷) 매금(寐錦)이 늦게 돌아와 매금(寐錦) 토내(土內)의 제중인(諸衆人)에게 절교사(節敎賜)를 내렸다. (태자 공이) 고구려 국토 내의 대위(大位) 제위(諸位) 상하에게 의복과 수교(受敎)를 궤영에게 내렸다. 12월 23일 갑인에 동이(東夷) 매금(寐錦)의 상하가 우벌성(于伐城)에 와서 교(敎)를 내렸다. 전부 대사자 다우환노와 주부 귀도(貴道)가 국경 근처에서 300명을 모았다. 신라토내당주 하부(下部) 발위사자(拔位使者) 보노(補奴) ... 와 개로(盖盧)가 공히 신라 영토 내의 주민을 모아서 ... 로 움직였다.

(좌측면)
... 中 ... 城不 ... 村舍 ... 沙 ... 班功 ... 節人 ... 신유년(辛酉年) ... 十 ... 太王國土 ... 上有 ... 酉 ... 東夷 寐錦의 영토 ... 方 ... 桓▨沙▨斯色 ... 고추가(古鄒加) 공(共)의 군대가 우벌성에 이르렀다. ... 고모루성수사(古牟婁城守事) 하부(下部) 대형(大兄) 야▨((耶▨)

III. 「충주비」의 역사성 정립

「충주비」에 대한 기초적인 학술조사 및 판독 재검토가 이루어진 이후 역사적 의미를 재정립하기 위한 노력은 2000년 「중원비」 新釋文 국제워크샵과 국제학술대회를 통해서라고 판단된다.

1999년 11월부터 준비되었던 국제워크샵은 이전과는 뚜렷하게 구별되는 목적을 가지고 추진되었다. 그 중 주목되는 것이 과학적인 분석 방법과 학제 간 연구 교류 그리고 원로학자와 신진학자 사이의 세대 간 의견 교환 등이다.

과학적인 접근 방법은 두 가지 면에 치중하여 이루어졌다. 하나는 「충주비」의 초기 탁본부터 가장 최근의 탁본까지 수집하여 컴퓨터에 입력 후 비교 검토하는 방법이 이루어졌다. 이 방법은 비문의 마모된 부분은 물론 육안 판독시 탈락했던 글자를 보완하는데 크게 기여하였다. 다른 하나는 적외선 사진 촬영이다. 이 방법은 국내에서 비문 판독에 처음으로 시도된 것으로 그동안 판독이 어려웠던 글자를 파악하는데 큰 도움이 되었다.

학제간 연구 및 세대간 교류는 다양한 분야에 걸쳐 이루어졌다. 역사학, 고고학, 문화사학, 국문학, 한문학, 서예학 등의 분야에서 비석이 처음 발견되었던 당시 조사에 참여하였던 학자들은 물론 신진 학자들에 이르기까지 모두 약 60여 명이 釋文委員會에 참여하여 의견을 나누었다.

이같이 고구려연구회에서는 새롭게 釋文을 시도하여 四面碑라는 사실과 함께 비면의 상단에 있는 題額을 분명히 확인하였다. 또한 1면이 어디인가에 대한 논란은 계속되었으나 글자가 없는 면(1979년 당시의 뒷면)을 제1면으로 하였고, 기존에 판독한 글자 가운데 새로 읽어낸 글자 19자, 새로 읽어 추정한 글자 8자, 논란이 있었던 글자 6자 등을 확정지어 「충주비」에 대한 새로운 해석을 가능하게 하였다. 「충주비」의 새 釋文은 '충주 고구려비 명문5(고구려연구회 판독)'과 같다.

이같이 판독된 고구려연구회의 판독 글자 가운데 제3면을 기존의 판독문과 비교한 것은 '충주 고구려비 판독 비교'와 같다.

이같은 판독문을 토대로 여러 학자들에 의해서 비문 해독과 내용 검토가 새롭게 이루어졌다.[10] 역사학과 국문학 그리고 서체 등 다양한 분야에서 검토가

---

10 篠原啓方, 2000, 「中原高句麗碑의 釋讀과 내용의 의의」 『史叢』 51, 고려대학교 역사연구소.
李道學, 2000, 「中原高句麗碑의 建立目的」 『高句麗研究』 10 -中原高句麗碑 研究, 高句麗研究會.
木村誠, 2000, 「中原高句麗碑의 立碑年에 관해서」 『高句麗研究』 10 -中原高句麗碑 研究, 高句麗研究會.

이루어졌는데, 그 가운데 국문학적인 입장에서 吏讀的 性格을 반영하여 해독한 번역문은 참고할 바가 많다. 내용상 비문의 전면을 12단락으로 나누어 고찰하였는데, 이를 제시하면 다음과 같다.

第3面
1) 5월 중 高麗大王의 祖王이 신라 寐錦으로 하여금 서원을 하되 世世토록 형제와 같이 上下가 화목하고 하늘의 도리를 지키도록 하라고 令을 내렸다.
2) 東夷의 寐錦이 太子 共을 꺼리었다.
3) 前部大使者인 多亐桓奴와 主簿인 貴德이 (어떤 조치를 하여) 某人(弟)으로 하여금 이 곳에 이르러 營天에 꿇어 앉았다.

南豊鉉, 2000,「中原高句麗碑文의 解讀과 吏讀的 性格」『高句麗研究』10 -中原高句麗碑 研究, 高句麗研究會.

李殿福, 2000,「中原郡의 高麗碑를 통해 본 高句麗 國名의 變遷」『高句麗研究』10 -中原高句麗碑 研究, 高句麗研究會.

金昌鎬, 2000,「中原高句麗碑의 建立 年代」『高句麗研究』10 -中原高句麗碑 研究, 高句麗研究會.

朴眞奭, 2000,「中原高句麗碑의 建立年代 考」『高句麗研究』10 -中原高句麗碑 研究, 高句麗研究會.

林起煥, 2000,「中原高句麗碑를 통해 본 高句麗와 新羅의 關係」『高句麗研究』10 -中原高句麗碑 研究, 高句麗研究會.

徐榮一, 2000,「中原高句麗碑에 나타난 高句麗 城과 國防體系」『高句麗研究』10 -中原高句麗碑 研究, 高句麗研究會.

李殿福, 2000,「高句麗金銅·石雕佛造像及中原郡碑」『博物館研究』1991-1.

孫煥一, 2000,「中原 高句麗碑의 書體」『高句麗研究』9, 高句麗研究會.

張俊植, 2000,「中原高句麗碑 附近의 高句麗 遺蹟과 遺物」『高句麗研究』10 -中原高句麗碑 研究, 高句麗研究會.

金洋東, 2000,「中原高句麗碑와 高句麗 金石文의 書體에 대하여」『高句麗研究』10 -中原高句麗碑 研究, 高句麗研究會.

耿鐵華, 2000,「牟墓誌와 中原高句麗碑」『高句麗研究』10 -中原高句麗碑 研究, 高句麗研究會.

李鎔賢, 2000,「中原高句麗碑와 新羅 碑와의 比較」『高句麗研究』10 -中原高句麗碑 研究, 高句麗研究會.

4) 太子 共이 말하기를 壁上을 향하여 함께 보자고 하고 …… 이 때에 太翟鄒를 賜하고 …… 東夷 寐錦의 衣服을 授與하였다.
5) 建立處는 使者에게 주었다.
6) 따라온 者들인 이때의 □□奴人輩들에게도 諸位에게 명하여 上下에 따라 의복을 賜하도록 하였다.
7) 東夷 寐錦이 뒤따라 돌아올 것을 敎하였다.
8) 이때에 寐錦 土內의 여러 사람들에게도 □□을 주도록 명하고 □□國土의 太位와 諸位의 上下들은 의복을 와서 받으라고 명하여 영에 와서 끓어 앉았다.
9) 12월 23일(갑인)에 東夷 寐錦의 상하가 于伐城에 이르렀다.
10) 前部大使者 多亐桓奴와 主簿 貴德을 오게 하여 동이의 경내에서 300명을 모집하도록 명하였다.
11) 新羅土內에 있는 幢主인 下部 拔位使者 補奴가 奴□□을 □疏 하였다.
12) 凶鬼 盖盧가 신라 땅 안에서 □을 供與하면서 사람들을 모집하니 衆人이 머뭇거리면서 움직이어……
(남풍현 역문)

역문에 의하면, 비문에 나타나는 이두적인 어순은 1), 3), 5), 8), 10)의 다섯 문장 속에서 보인다고 지적하고 있다.[11] 「충주비」의 내용을 검토하는데 있어 이두적인 성격은 상당히 중요하다. 비문에 대한 정확한 이해는 논쟁점의 해결을 위한 기본이기 때문이다.

「충주비」에 대한 국어학적 접근은 김영욱 선생에 의해서도 이루어졌다.[12] 이 논고에서는 비문에 대한 그동안의 연구가 吏讀形態들의 확인과 句節들의 이해에 치중했다는 사실을 지적하고 비문을 네 개의 단락으로 나누어 텍스트 분석을 시도하였다. 이를 보이면 다음과 같다.

第3面

p1 : 5월에 高麗大王의 祖王이 신라 寐錦으로 하여금 세세로 願하되 兄 답고 아우답게 위아래가 서로 和하고 守天하도록 東으로 왔다.
p2 : 寐錦은 太子 共을 두려워하였으며 前部大使者인 多亐桓奴와 主簿인 貴德이 …… 에 이르러 營天에 무릎을 끓었고, 太子 共이 壁上을 향하라고 말했으며, 함께 보는 때에 太翟鄒와 (授)食과 東夷 寐錦의 衣服을 주고, 建立한 곳은 使用者에게 주었다.

---

11 南豊鉉, 2000, 「中原高句麗碑文의 解讀과 吏讀的 性格」『高句麗研究』10 -中原高句麗 碑 研究, 高句麗研究會.
12 金永旭, 2007, 「中原高句麗碑의 國語學的 研究」『口訣研究』18, 口訣學會.

p3 : 따르는 者인 이때의 □□ 奴客과 人輩에게도 諸位로 하여 上下의 의복을 주고, 東夷 寐錦을 뒤
　　따라 돌아오게 하였으며, 이때의 寐錦 土內의 諸衆人에게 □□을 주고 □□國土의 太位와 諸位
　　上下에게도 의복을 와서 받으라고 명하고 영에 (와서) 무릎을 끓게 하였다.
p4 : 12월 23일(갑인)에 東夷 寐錦의 상하가 于伐城에 이르자 前部大使者 多亏桓奴와 主簿 貴德을
　　오게 하고 (동)이의 경(내)에서 300명을 모집토록 하니, 新羅土內의 幢主인 下部 拔位使者 補
　　奴가 奴□□을 □疏 하였는데, 凶鬼 盖盧가 □을 주면서 신라 토내 사람들을 모으니 衆人이 머뭇
　　거리면서 움직이어……
(김영욱 역문)

　　이같은 「충주비」의 내용 검토는 상당히 중요한 의미가 있다. 곧 비문이 初期
吏讀文[13]의 형식으로 작성되었다는 사실을 보여주기 때문이다.
　　한편, 「충주비」에 대한 연구 동향과 주요 쟁점에 대한 고찰은 張彰恩 선생에
의해서 이루어졌다.[14] 이 글에서는 주요 쟁점을 고찰하기 위하여 판독문을 제시
하고, 비문의 내용 요소[15]와 비의 내용 연대와 건립 연대[16] 그리고 비의 건립 목
적[17] 등 세 유형으로 나누어 검토하였다.
　　「충주비」에 대한 논쟁은 판독문의 해독에 기초하고 있고, 아직도 많은 글자
들이 판독되지 않아 완전한 해독은 어렵다는 점에서 쟁점은 여전히 많다는 현실
을 직시할 필요가 있다.

13　김영욱은 초기 이두문을 광개토왕비문(414년) 이후 화엄경사경조성기(755년) 이전
　　의 시기에 나타나는 이두문들을 일컫는다고 하였다(김영욱, 앞의 논문, 46쪽 주8 참
　　고).

14　張彰恩, 2006, 「中原高句麗碑의 연구동향과 주요 쟁점」 『歷史學報』 189, 역사학회.

15　비문의 내용 요소로 人名, 用語, 地名 등을 들었고, 이를 중심으로 내용 검토를 시도
　　하였다.

16　기존의 연구에서는 내용 연대와 건립 연대를 구별하지 않고 모두 건립 연대로만 검
　　토하였다고 지적하고, 내용 연대를 기준으로 5세기 초, 중, 후반설로 나누어 검토하
　　였다.

17　「충주비」의 건립 목적과 배경을 이해하는 것은 가장 본질적이며 중요한 것이라 전제
　　하고, 기존의 연구성과를 다섯가지로 분류하여 정리하였다.

IV. 「충주비」의 역사성과 새로운 모색

「충주비」의 역사적 성격을 정리할 때 1990년대 제시된 자료적 가치는 상당한 시사점을 준다.

첫째, 한반도에서 발견한 유일한 고구려비라는 사실

둘째, 5세기 고구려와 신라의 관계에 대한 새로운 사실을 알려주는 중요한 자료

셋째, 고구려의 인명 표기 방식을 보여주는 자료

넷째, 고구려 관등 조직의 정비 과정을 보여주는 자료

다섯째, 고구려에서 사용된 이두 표기 등에 대한 사실을 알려주는 중요한 자료

첫 번째 지적한 '한반도에서 발견한 유일한 고구려비'는 사실은 최근 들어 인식의 변화를 요구하고 있다. 곧 「集安高句麗碑」[18]의 발견 때문이다. 「집안비」는 2012년 7월 29일, 고구려의 도성이었던 중국 지린성 지안(集安)시 마셴(麻線)촌 강가에서 확인되었다. 2013년 1월 3일 중국국가문물국에서 발행하는 『中國文物報』는 "작년 7월 29일 麻線鄕 麻線河에서 石碑가 발견되었다"는 사실을 밝혔다. 길림성 집안시 마선향에는 1,000여 개 정도의 고구려 古墓가 존재하고 있는데, 그 가운데 세계문화유산으로 등재된 千秋墓의 동남방 약456m, 西大墓의 서남방 1,149m 지점에서 高句麗碑가 확인되었다는 것이다. 集安市文物局의 '集安高句麗碑保護 및 研究委員會'[19] 조사에 의하면, 「廣開土大王碑」와 닮은 이 비석은 화강암을 가공해서 만든 후 碑身과 碑座를 끼워 맞춘 구조로 위쪽이 좁고 아래쪽이 넓은 장방형으로 높이는 173cm, 너비는 60.6~66.5cm라고 전한다. 또한 글자는 예서체로서 정면에는 10행 218자 정도를 새겨 넣었는데 그 가운데 약

---

18 이하 '집안비'라 부른다.

19 길림대학 교수인 林沄(linyun)와 魏存成(Weicuncheng), 길림성 사회과학원 부원장인 張福有(Zhang fuyou), 중국사회과학원 세계역사연구소 연구원인 徐建新(xujianxin), 통화사범학원 고구려연구소장 耿鐵華(Geng Tiehua), 孫仁杰(Sun renjie) 등으로 구성되었다고 전한다.

140여 자만이 판독되고, 판독된 글자 가운데에는 '始祖鄒牟王之創基也', '四時祭祀', '烟戶' 등의 글자 등이 확인되고 있어 광개토대왕 때에 세워진 고구려시대의 비석으로 추정된다고 한 것이다.[20]

「집안비」에 대한 연구는 최근 상당 부분 이루어졌다.[21] 비문의 판독은 물론

----

20 발견 당시 제기된 '집안비'에 대한 일부의 지적은 상당히 중요하다. 곧 '東漢 이래 상용했던 圭形碑'와 '중국이 사용했던 隸書體'라는 형식을 갖고 있는데 이는 고구려에 대한 漢의 문화적 지배를 강조하기 위해서 만들어진 조작일 가능성(중앙일보 2013년 2월 6일 배영대 기자 '제2 광개토대왕비 가짜일 가능성은…')에 대해 언급하고 있다. 이같은 지적은 향후 발견 과정과 함께 眞僞에 대한 진지한 검토가 우선되어야 한다는 사실을 일러준다. 고구려 비석이 확실하다면 향후 한국 고대국가의 연구에 새로운 방향을 제시해 줄 수 있기 때문이다.

21 공석구, 2013, 「집안고구려비의 발견과 내용에 대한 고찰」『고구려발해연구』 45, 고구려발해학회.
고광의, 2013, 「신발견 집안고구려비의 형태와 서체」『고구려발해연구』 45, 고구려발해학회.
여호규, 2013, 「신발견 집안고구려비의 구성과 내용 고찰」『고구려발해연구』 45, 고구려발해학회.
耿鐵華, 2013, 「중국 지안에서 출토된 고구려비의 진위 문제」『한국고대사연구』 70, 한국고대사학회.
정동민, 2013, 「한국고대사학회 집안고구려비 판독회 결과」『한국고대사연구』 70, 한국고대사학회.
김현숙, 2014, 「집안고구려비의 건립시기와 성격」『한국고대사연구』 72, 한국고대사학회.
김수태, 2014, 「집안고구려비에 나오는 律令制」『한국고대사연구』 72, 한국고대사학회.
홍승우, 2014, 「집안고구려비에 나타난 고구려 律令의 형식과 수묘제」『한국고대사연구』 7, 한국고대사학회.
강진원, 2014, 「신발견 집안고구려비의 판독과 연구 현황 -약간의 陋見을 덧붙여」『목간과 문자』 11, 한국목간학회.
임기환, 2014, 「집안고구려비와 광개토왕비를 통해본 고구려 守墓制의 변천」『한국사학보』 54, 고려사학회.
김창석, 2014, 「5세기 이전 고구려의 王命 체계와 집안고구려비의 '敎' '令'」『한국고대사연구』 75, 한국고대사학회.

율령, 수묘제 그리고 건국설화 등을 중심으로 많은 논의가 진행되었다. 그리고 드물게 고고학적인 접근과 함께 비석의 형태를 중심으로 고구려 비석의 연원을 고찰하기도 하였다.

그러나 「집안비」가 발견된 2013년부터 2017년에 이르는 5년간의 연구 성과에서 아쉬운 사실은 「충주비」와의 관계를 통한 역사성을 규명하기 보다는 비석

강현숙, 2015, 「집안고구려비에 대한 고고학적 추론 -墓上立碑와 관련하여」『고구려발해연구』50, 고구려발해학회.

기경량, 2015, 「집안고구려비의 성격과 고구려의 守墓制 개편」『한국고대사연구』76, 한국고대사학회.

정호섭, 2015, 「광개토왕비와 집안고구려비의 비교 연구」『한국사연구』167, 한국사연구회.

강진원, 2015, 「고구려 墓制의 전통과 그 배경-집안고구려비문의 이해를 덧붙여」『진단학보』122, 진단학회.

김현숙, 2015, 「광개토왕비, 집안고구려비를 통해 본 고구려의 守墓制 정비」『영남학』26, 경북대학교 영남문화연구원.

여호규, 2015, 「집안고구려비와 광개토왕릉비 序頭의 단락 구성과 서술 내용 비교」『신라문화』46, 신라문화원.

김창석, 2015, 「고구려 守墓法의 제정 경위와 布告 방식 -신발견 집안고구려비의 분석」『동방학지』169, 연세대학교 국학연구원.

장병진, 2016, 「고구려 出自意識의 변화와 고구려비의 건국설화」『인문과학』106, 연세대학교 인문학연구원.

이천우, 2016, 「집안고구려비의 수묘인 '差錯'문제를 통해 본 건립 시기 검토」『동북아역사논총』52, 동북아역사재단.

최일례, 2016, 「집안고구려비에 보이는 '守墓人 賣買 禁止' 규정 검토」『목간과 문자』16, 한국목간학회.

권인한, 2016, 「집안고구려비문의 판독과 해석」『목간과 문자』16, 한국목간학회.

여호규, 2017, 「한,중,일 3국 학계의 집안고구려비 연구동향과 과제」『동방학지』177, 연세대학교 국학연구원.

강진원, 2017, 「고구려 석비문화의 전개와 변천-碑形을 중심으로」『역사와 현실』103, 한국역사연구회.

강진원, 2017, 「집안고구려비문 건국신화의 성립과 변천」『사림』61, 수선사학회.

자체의 내용과 성격을 파악하는데 집중되고 있다는 점이다. 고구려의 발전 과정 속에서 현존하는 고구려의 비석을 다각도로 검토하고자 하는 노력이 필요한 시점이라 판단된다.

자료적 가치로서 평가되는 두 번째로부터 네 번째의 사실은 한국사의 전개에 있어서 매우 중요한 의미를 지닌다.

곧, 5세기 단계의 고구려·신라 관계에 새로운 이해를 돋우는 귀중한 자료로서 고구려가 신라를 '東夷' 신라왕을 '寐錦'이라 칭하면서 의복을 하사했다는 사실, '新羅土內幢主'라는 기록을 통하여 신라 내에 고구려 군대가 주둔하고 있었던 사실 등은 매우 중요한 역사적 사실이라 할 수 있다. 또한 고구려의 職名-部名-官等名-人名 순으로 이어지는 인명표기 방식과 함께 고구려 관등 조직의 분화 과정을 보여준다는 점에서도 매우 의미가 있다.

그러나 현재 「충주비」의 판독문에 기초한 연구 성과는 고대사회의 역사상을 파악할 수 있는 용어들에 대한 구체적인 검토가 아직도 부족하다고 생각된다. 물론 판독의 어려움으로 인하여 글자는 물론 내용 확인이 어려운 부분이 상당수 존재하나 판독 가능한 글자들에 대한 상세한 분석과 재검토가 필요한 시점이라 보여진다. 이는 학계의 지속적인 연구 성과에도 불구하고 '현재의 한반도에 존재하는 유일한 고구려비'를 통하여 이해할 수 있는 '한국고대사의 역사상'이 뚜렷하지 않기 때문이다.

현재의 「충주비」에는 수많은 용어들이 등장한다. '五月中', '高麗太王', '祖王', '新羅寐錦', '世世爲願如兄如弟', '上下相和守天', '太子共前部大使多于桓奴主簿', '奴客人', '敎諸位賜上下衣服敎東夷寐錦', '寐錦土內', '十二月二三日甲寅', '東夷寐錦上下', '于伐城', '募人 三百', '新羅土內幢主', '下部拔位使補奴', '新羅土內衆人', '太王國土', '古鄒加共', '古牟婁 城守事下部大兄' 등등 이들 용어는 시간과 공간을 뜻하기도 하고, 특정한 인물을 상징하기도 하며, 특정한 장소와 사건을 의미하기도 한다. 또한 당시의 고구려를 중심으로 신라와의 관계를 보여주기도 한다. 그에 대한 학자로서의 치밀한 접근과 동시에 관련 분야의 전문가로서 일반인들에게 '그 시대의 역사상'을 보여줄 의무가 있다고 생각한다. 만약 그같은 역할이 없다면 모든 사람들은 잘못된 역사상을 가질 수 밖에 없다. 당장 문화재청의 유물 설명에서 보이는 「충주비」의 건립 연대에 대한 오류가 학자들의 논쟁 때문인 지, 아니면 일반인들의 잘못된 역사상에 기인한 것인 지에 대한 냉철한 반성이 필요한 시점이다.

마지막으로 언급한 자료적 가치로서 다섯 번째는 고구려에서 사용된 이두 표기 등에 대한 사실을 알려주는 중요한 자료라는 점이다. 이는 「충주비」의 서체에 대한 논쟁과 함께 다루어져야 할 문제이다. 비문의 書體에 대해서는 고졸한 예서라는 견해(鄭泳鎬)와 隸意를 간직한 楷書라는 견해(任昌淳)가 있다. 그러나 발견된 이후 여러 자료들이 추가적으로 확인된 바 그에 대한 논의도 어느 정도 마무리할 필요가 있다고 생각된다. 더욱 문체 속에 들어있는 이두의 형식과 내용은 우리말을 이해하는데 매우 중요한 자료이다. 보다 다양한 학제간 연구의 필요성이 증대되는 시점이라 보여진다.

이렇듯 「충주비」는 발견된 이후 여러 면에서 검토되면서 우리 역사상을 이해할 수 있는 매우 중요한 자료로서 그 위상을 지니고 있다. 따라서 지속적인 연구와 검토가 계속적으로 이어져야 한다고 판단된다. 비문의 판독이 인문학적 방법에서 과학적 방법을 더하여 진행되었던 것처럼, 새로운 연구방법론이 항상 논의되어야 할 것이다.

최근의 연구 성과에서 「충주비」 보다는 새로 발견된 「집안비」에 대한 논문이 압도적으로 많다는 사실은 학자들의 상당한 노력에도 불구하고 상당한 아쉬움을 준다. 「집안비」에 대한 판독과 연구를 통하여 얻어지는 역사상이 흥미롭다 하더라도 「충주비」와 함께 해야만 이해되는 고구려의 시간(5세기)과 공간(집안과 충주) 에 대한 이해가 절대적으로 부족하기 때문이다.

국사관논총 제78집(1997)에서 정리한 금석문 연구 성과 분석에 의하면 당시 고구려 시기의 관련논문 총 396편 가운데 廣開土王碑 관련논문이 246편이고, 安岳3號墳墨書銘 관련논문이 33편, 德興里古墳墨書銘 관련논문이 32편, 中原高句麗碑 관련 논문이 18편, 기타 논문이 47편이라 분류하였다. 주목되는 것은 廣開土王碑 관련 논문이 조사된 全體 1,196편 중에서 246편으로 20.6%, 고구려 논문에서는 62.1%를 차지하고 있어 한국 금석문 연구의 대표적인 주제라고 이해하였다. 또한 高句麗 金石文에 대한 논문을 발표된 나라 별로 조사하면 韓國

104편·日本 206편·北韓 42편·中國 44편으로 일본에서 발표한 논문의 수가 한국뿐만 아니라 남북한과 중국의 논문을 더한 수 보다도 많다는 점을 지적하고 있다.

"새로운 자료의 출현은 새로운 논쟁의 시작이기도 하다"(최경선, 2017, 금석문판독을 위한 방법 모색)는 말을 새삼 음미해본다.

정제규(문화재청 유형문화재과)

銘碑

1	伐						□	左側面	□	□	夷	大	夷	伊	尙	奴	上	五	1	前面
2	城						□		□	□	寐	位	寐	者	教	主	下	月	2	
3	丙						□		奴	□	錦	諸	錦	賜	上	簿	相	中	3	
4	于						中		故	境	去	位	逮	之	共	道	知	高	4	
5	□						□		狛	□	下	上	還	隨	看	使	守	麗	5	
6	古						□		凶	募	至	下	來	者	節	鄕	天	太	6	
7	牟	方			辛		□		鬼	人	于	衣	節	節	賜	□	□	王	7	
8	婁	得			酉	從	伐		盖	三	伐	服	教	教	太	王	來	祖	8	
9	城	□			年	班	城		盧	百	城	來	賜	使	霍	安	之	王	9	
10	守	□	上			功	不		供	新	教	受	寐	奴	鄒	貽	寐	公	10	
11	事	沙	有				得		謀	羅	勅	教	錦	衆	□	之	錦	□	11	
12	下	□	之				發		募	土	前	跪	土	人	食	法	忌	新	12	
13	部	斯	辛	軍			村		人	內	部	營	內	者	丏	□	太	羅	13	
14	大	色	酉				舍		新	幢	大	□	諸	教	□	□	子	寐	14	
15	兄	□			十				羅	主	使	十	衆	諸	賜	到	共	錦	15	
16	耶	□							土	下	者	二	人	位	寐	至	前	世	16	
17	乎	古							內	部	多	月	□	賜	錦	跪	部	世	17	
18		鄒					[目+公]		衆	拔	兮	廿	□	土	之	官	大	爲	18	
19		加	東		大	節			人	位	桓	三	□	內	衣	大	使	願	19	
20		共	夷		王	人			供	使	奴	日	□	□	服	太	者	如	20	
21		軍	寐		國				動	者	主	甲	□	□	建	子	多	兄	21	
22		至	錦		土		沙		□	錦	簿	寅	國	教	立	共	兮	如	22	
23		于	土						□	奴	首	東	土	東	處	節	桓	弟	23	
	7	6	5	4	3	2	1		10	9	8	7	6	5	4	3	2	1		

충주 고구려비 명문1(정영호 판독)

前面 (高麗建興四年)

10	9	8	7	6	5	4	3	2	1	
□	□	夷	大	夷	伊	尙	奴	上	五	1
□	□	寐	位	寐	者	敎	主	下	月	2
奴	□	錦	諸	錦	賜	上	簿	相	中	3
趨	境	去	位	逮	之	共	道	知	高	4
狛	□	下	上	還	隨	看	使	守	麗	5
殘	募	至	下	來	者	節	鄉	天	太	6
王	人	于	衣	節	節	賜	類	東	王	7
盖	三	伐	服	敎	敎	太	出	來	祖	8
盧	百	城	束	賜	賜	舊	牛	之	王	9
供	新	敎	受	寐	奴	□	胎	寐	令	10
謀	羅	勅	敎	錦	衆	□	之	錦	還	11
募	土	前	跪	土	人	食	去	忌	新	12
人	內	部	營	內	革	□	□	太	羅	13
新	幢	大	諸	鞋	束	□	子	寐	錦	14
羅	主	使	十	衆	諸	賜	□	共	錦	15
土	下	者	二	人	位	寐	□	前	世	16
內	部	多	月	□	賜	錦	跪	部	世	17
衆	□	兮	卅	□	上	之	管	大	爲	18
人	位	桓	三	□	下	衣	大	使	願	19
□	使	奴	日	□	衣	服	太	者	如	20
動	者	主	甲	王	服	建	子	多	兄	21
□	端	簿	寅	國	敎	立	共	兮	如	22
□	奴	者	東	土	東	樓	□	桓	弟	23

左側面

	7	6	5	4	3	2	1
1							
2	城						
3	丙						
4	子						中
5	授						
6	古						
7	牟	多		辛			
8	婁	兮		酉			減
9	城	桓		年		班	城
10	守	奴	上			功	不
11	事	沙	有			恩	□
12	下				□		□
13	部	斯		寅			村
14	大	色					舍
15	兄	智			十		
16	躬				四		
17	乎	古					
18		趨					□
19		加	東	大	節		
20		共	夷	王	人		
21		軍	寐	國			
22		至	錦	土			沙
23		于	土				

충주 고구려비 명문2(이병도 판독)

左側面

7	6	5	4	3	2	1
于						
古						
牟	右					
婁	祖					
城						
主		上			功	不
事	沙	有				
下						
部	斯					村
大	色	國				舍
兄						
□						
□	古					
	鄒				昐	x
	加		東		大	節
	共		夷		王	人
	軍		寐		安	國
	至		錦		土	沙
	于		土			

前面

10	9	8	7	6	5	4	3	2	1
	夷			夷	用	向	奴	上	五
	寐	位		寐	者	教		下	月
	錦			錦	賜	上		相	中
境	上	位			之	共		和	高
□	下	上			看			守	麗
募	至	下		還	節			天	太
人	于	衣		來	賜			東	王
盖	三	伐		服	太			來	相
盧	百	城			教		霍		之
共	新	教	受		賜	奴	鄒		寐
羅	來	教		客	教				錦
募	土	前	跪		食		忌		新
人	內	部	官		丏		太		羅
新	幢	大			勳		子		寐
羅	主	使	十		賜	到		共	錦
土	下	者	二	位	寐		至	前	世
內	部	多	月	賜	錦		跪	部	世
衆		亐	卄	上	之		官	大	爲
人	位	桓	三		下		衣	大	願
拜	使	奴					服	太	如
動	者	主	甲		服		建	子	兄
端	簿	寅	國		教		立	共	如
奴	看	東	土	東		樓	□	桓	弟

충주 고구려비 명문3(임창순 판독)

左側面

행	7	6	5	4	3	2	1
1	伐	□	□	□	□	□	□
2	城	□	□	□	□	□	□
3	□	□	□	□	□	□	□
4	□	□	□	□	□	中	□
5	□	□	□	□	□	□	□
6	古	□	□	□	□	□	□
7	牟	方	□	□	辛	□	□
8	婁	□	□	酉	□	□	□
9	城	桓	□	□	年	班	城
10	守	□	上	□	功	不	
11	事	沙	有	□	□	□	
12	下	□	□	□	□	十	
13	部	斯	□	□	十	□	村
14	大	色	酉	□	□	舍	
15	兄	□	□	□	□	□	
16	耶	□	□	□	□	□	
17	□	古	□	□	□	□	
18		鄒	□	十	□		
19		加	東	□	大	節	□
20		共	夷	□	王	人	□
21		軍	寐	□	國	□	□
22		至	錦	□	土	□	沙
23		于	土	□	□	□	□

前面

행	10	9	8	7	6	5	4	3	2	1
1	□	□	夷	大	夷	用	尙	奴	上	五
2	□	□	寐	位	寐	者	□	主	下	月
3	奴	□	錦	諸	錦	賜	上	簿	相	中
4	□	境	上	位	逮	之	共	道	和	高
5	□	下	上	還	隨	看	德	守		麗
6	□	募	至	下	來	者	節	□	天	太
7	□	人	于	衣	節	節	賜	□	東	王
8	盖	三	伐	服	教	□	太	□	來	相
9	盧	百	城	兼	賜	□	翟	安	之	王
10	共	新	教	受	寐	奴	鄒	□	寐	公
11	□	羅	來	教	錦	客	□	□	錦	□
12	募	土	前	跪	土	人	食	去	忌	新
13	人	內	部	營	內	□	□	去	太	羅
14	新	幢	大	之	諸	教	□	□	子	寐
15	羅	主	使	十	衆	諸	賜	到	共	錦
16	土	下	者	二	人	位	寐	至	前	世
17	內	部	多	月	□	賜	錦	跪	部	世
18	衆	拔	兮	卄	□	上	之	營	大	爲
19	人	位	桓	三	□	下	衣	□	使	願
20	拜	使	奴	日	□	衣	服	太	者	如
21	動	者	主	甲	王	服	建	子	多	兄
22	□	補	簿	寅	國	教	立	共	兮	如
23	□	奴	□	東	土	東	處	□	桓	弟

우측면

□公□□□□衆殘□□□□□□□□□□不□□使□□□壬子□□伐□□□□□□□□□□□□□□□□□□□□

충주 고구려비 명문4(『역주 한국고대금석문』)

	6	5	4	3	2	1	
1	□	□	□	□	□	□	第2面
2	□	守**	人	□	□	□	
3	□	(自)**	□	□	□	□	
4	□	□	□	□	□	□	
5	□	□	□	□	□	□	
6	□	□	□	□	□	□	
7	□	□	□	□	□	□	
8	□	□	□	□	□	□	
9	□	□	□	□	□	□	
10	□	□	□	(容)**	禾+?**	前**	
11	□	□	□	□	□	部**	
12	□	□	□	□	□	(大)**	
13	□	□	□	□	部**	兄**	
14	□	□	□	□	小+?**	□	
15	□	□	□	□	□	□	
16	□	□	□	□	□	□	
17	□	□	□	□	(泊)**	□	
18	□	□	□	□	□	□	
19	□	□	□	□	□	□	
20	□	□	□	□	□	□	
21	□	□	□	□	□	□	
22	□	□	□	□	□	□	
23	□	□	□	□	□	□	
	6	5	4	3	2	1	

* 확정 글자, ( ) 추정 글자, ** 신독 글자

충주 고구려비 명문5(고구려연구회 판독)

10	9	8	7	6	5	4	3	2	1	
年										
□	□	夷	大	(夷)	用	向*	奴	上	五	1
(疏)**	□	寐	位	寐	者	望	主	下	月	2
奴	□	錦	諸	錦	賜	上	簿	相	中	3
□	(境)	去	位	逮	之	共	貴*	和*	高	4
□	□	下	上	邊	隨	看	(德)	守	麗	5
凶	募	至	下	來	□	節	佃*	天	太	6
鬼	人	于	衣	節	節	賜	(類)	東	王	7
盖	三	伐	服	教	□	太	(王)	來	祖*	8
盧	百	城	(來)	賜	□	霍	(安)	之	王	9
共	新	教	受	寐	奴	鄒	(貽)	寐	令	10
□	羅	來	教	錦	客	(教)	□	錦	新	11
募	土	前	跪	土	人	食	(去)	(忌)	新	12
人	內	部	營	內	□	(在)	□	太	羅	13
新	幢	大	之	諸	教	東*	□	子	寐	14
羅	主	使	十	衆	諸	夷*	到	共	錦	15
土	下	者	二	人	位	寐	至	前	世	16
內	部	多	月	□	賜	錦	跪	部	世	17
衆	(拔)	于	廿	□	上	之	營	大	爲	18
人	位	桓	三	□	下	衣	大	使	願	19
跓**	使	奴	(日)	□	(衣)	服	太	者	如	20
(動)	者	主	甲	(王)	服	建	子	多	兄	21
□	補	簿	寅	國	教	立	共	兮	如	22
□	奴	貴	東	土	東	處	□	桓	弟	23
10	9	8	7	6	5	4	3	2	1	

* 확정 글자, ( ) 추정 글자, ** 신독 글자

충주 고구려비 명문5 제3면(고구려연구회 판독)

	7	6	5	4	3	2	1
1	□	□	□	□	□	□	□
2	□	□	□	人	□	□	□
3	(去)**	□	□	□	□	□	□
4	于	□	□	□	□	□	(忠)**
5	□	□	□	□	□	□	□
6	古	□	□	□	□	□	□
7	牟	右	□	□	(辛)	□	(于)
8	婁	祖	□	□	(酉)	□	伐
9	城	(故)**	□	□	□	刺**	城
10	守	□	上	□	□	功	不
11	事	沙	右**	□	□	□	犭+?**
12	下	□	□	□	□	□	□
13	部	斯	辛	黃**	□	射	村
14	大	色	酉	□	□	□	舍
15	兄	□	□	□	□	□	□
16	耶	太**	□	□	□	□	□
17	□	古	□	□	□	□	□
18		鄒	□	□	□	□	月+?**
19		加	東	□	大	節	胜**
20		共	夷	□	王	人	□
21		軍	寐	(安)	國	刺**	(沙)
22		至	錦	□	土	□	□
23		于	土	□	□	□	□
	7	6	5	4	3	2	1

* 확정 글자, ( ) 추정 글자, ** 신독 글자

충주 고구려비 명문5 제4면(고구려연구회 판독)

충주 고구려비 판독 비교표 (제3면 1~5행, 고구려연구회 판독 기준)

위치	5-고	5-임	5-이	5-정	4-고	4-임	4-이	4-정	3-고	3-임	3-이	3-정	2-고	2-임	2-이	2-정	1-고	1-임	1-이	1-정
1	*	*	*	伊	尙	向	尙	尙	奴	*	*	奴	上	*	*	上	五	*	*	五
2	*	*	*	者	*	*	上	教	*	*	*	主	下	*	*	下	月	*	*	月
3	*	*	*	賜	*	*	共	上	*	*	*	簿	相	*	*	相	中	*	*	中
4	*	*	*	之	*	*	看	共	□	*	*	道	守	知	知	守	高	*	*	高
5	□	□	*	隨	□	□	節	看	□	□	*	使	天	*	*	天	麗	*	*	麗
6	□	□	*	者	□	□	賜	節	□	□	類	鄕	□	*	和	□	太	*	*	太
7	□	□	*	節	□	□	太	賜	□	□	出	王	東	東	東	來	王	*	*	王
8	□	□	*	教	□	□	霍	太	□	*	牛	安	之	*	*	之	祖	相	祖	公
9	□	□	賜	使	□	薑	鄒	霍	*	*	之	貽	寐	*	*	寐	王	*	令	□
10	*	*	*	奴	*	□	教	鄒	客	*	*	之	錦	*	*	錦	令	*	*	新
11	客	客	*	衆	□	□	食	□	□	□	法	法	忌	*	*	忌	□	*	*	羅
12	□	□	*	人	丏	丏	丏	食	□	去	*	去	太	*	*	太	新	*	*	寐
13	□	□	革	者	*	*	束	丏	勲	□	到	到	子	*	*	子	羅	*	*	錦
14	勲	勲	鞋	教	束	束	賜	束	□	*	*	至	共	*	*	共	寐	*	*	世
15	*	*	*	諸	*	*	寐	賜	□	*	跪	跪	前	*	*	前	錦	*	*	爲
16	*	*	*	位	□	□	錦	寐	□	*	官	官	部	*	*	部	世	*	*	願
17	*	*	*	賜	□	□	之	錦	□	至	大	大	大	*	*	大	世	*	*	如
18	*	*	*	土	□	□	衣	之	管	*	太	太	使	*	*	使	爲	*	*	弟
19	*	*	*	内	服	服	服	衣	□	*	子	子	者	*	*	者	願	*	*	
20	□	衣	□	□	□	□	建	服	□	*	共	共	多	*	*	多	如	*	*	
21	服	服	服	服	□	□	立	建	服	*	節	節	兮	*	*	兮	兄	*	*	
22	*	*	*	教	□	□	處	立	*	*	*		桓	*	*	桓	弟	*	*	
23	*	*	*	東	樓	樓	樓	處	□	□				*	*			*	*	

정-정영호, 이-이병도, 임-임창순, 고-고구려사연구회
*-동일 판독자, □-판독불가자

충주 고구려비 판독 비교(고구려연구회 판독 기준 제3면 -1~5행)

10				9				8				7				6				
고	임	이	정	고	임	이	정	고	임	이	정	고	임	이	정	고	임	이	정	
□	□	□	□	□	□	□	□	□	*	*	夷	□	*	*	大	□	*	*	夷	1
□	□	□	□	□	□	□	□	□	*	*	寐	□	*	*	位	□	*	*	寐	2
□	□	*	奴	□	□	□	□	□	*	*	錦	□	*	*	諸	□	*	*	錦	3
□	□	趙	故	□	□	□	境	□	上	*	去	□	*	*	位	□	*	*	逮	4
□	*	*	狛	□	□	□	□	□	*	*	下	□	*	*	上	□	*	*	還	5
□	□	殘	凶	□	□	*	募	□	*	*	至	□	*	*	下	□	還	*	來	6
□	□	王	鬼	□	□	*	人	□	*	*	于	□	*	*	衣	□	來	*	節	7
*	*	*	盖	*	*	*	三	*	*	*	伐	*	*	*	服	*	*	教	教	8
*	*	*	盧	*	*	*	百	*	*	*	城	*	*	束	來	*	教	*	賜	9
共	共	□	供	共	□	*	新	共	□	*	教	共	*	*	受	共	賜	*	寐	10
□	□	*	謀	*	*	*	羅	□	來	*	勅	*	*	*	教	□	*	*	錦	11
*	*	*	募	*	*	*	土	*	*	*	前	*	*	*	跪	*	*	*	土	12
*	*	*	人	*	*	*	內	*	*	*	部	*	官	*	營	*	*	*	內	13
*	*	*	新	*	*	*	幢	*	*	*	大	*	*	*	十	*	*	*	諸	14
*	*	*	羅	*	*	*	主	*	*	*	使	*	*	*	二	*	*	*	衆	15
*	*	*	土	*	*	*	下	*	*	*	者	*	*	*	月	*	*	*	人	16
*	*	*	內	*	*	*	部	*	*	*	多	*	*	*	廿	□	*	*	□	17
*	*	*	衆	□	□	*	拔	*	*	*	兮	*	*	*	三	□	*	*	□	18
*	*	*	人	□	□	*	位	*	*	*	桓	*	*	*	日	□	*	*	□	19
拜	拜	□	供	*	*	*	使	拜	*	*	奴	*	*	*	甲	拜	*	*	□	20
*	*	*	動	*	*	*	者	*	*	*	主	*	*	*	寅	□	*	*	□	21
□	□	□	□	□	端	端	錦	□	*	*	簿	□	*	*	東	□	*	*	國	22
□	□	□	□	□	*	*	奴	□	看	者	首	□	*	*	□	□	*	*	土	23
고	임	이	정	고	임	이	정	고	임	이	정	고	임	이	정	고	임	이	정	

정-정영호, 이-이병도, 임-임창순, 고-고구려사연구회
*-동일 판독자, □-판독불가자

충주 고구려비 판독 비교(고구려연구회 판독 기준 제3면 -6~10행)

〈참고문헌〉

1. 단행본

金昌鎬, 1987, 「中原高句麗碑의 재검토」 『韓國學報』 47, 일지사.
木下禮仁, 1984, 『素軒南都泳博士華甲紀念 史學論叢』.
_____, 1993, 『日本書紀と古代朝鮮』, 塙書房.
서영대, 1992, 『역주한국고대금석문』, 가락국사적개발연구원.

2. 논문

강진원, 2014, 「신발견 집안고구려비의 판독과 연구 현황-약간의 陋見을 덧붙여」 『목간과 문자』 11, 한국목간학회.
_____, 2015, 「고구려 墓制의 전통과 그 배경-집안고구려비문의 이해를 덧붙여」 『진단학보』 122, 진단학회.
_____, 2017, 「고구려 석비문화의 전개와 변천-碑形을 중심으로」 『역사와 현실』 103, 한국역사연구회.
_____, 2017, 「집안고구려비문 건국신화의 성립과 변천」 『사림』 61, 수선사학회.
강현숙, 2015, 「집안고구려비에 대한 고고학적 추론-墓上立碑와 관련하여」 『고구려발해연구』 50, 고구려발해학회.
耿鐵華, 2000, 「牟墓誌와 中原高句麗碑」 『高句麗研究』 10 -中原高句麗碑 研究, 高句麗研究會.
_____, 2013, 「중국 지안에서 출토된 고구려비의 진위 문제」 『한국고대사연구』 70, 한국고대사학회.
고광의, 2013, 「신발견 집안고구려비의 형태와 서체」 『고구려발해연구』 45, 고구려발해학회.
권인한, 2016, 「집안고구려비문의 판독과 해석」 『목간과 문자』 16, 한국목간학회.
기경량, 2015, 「집안고구려비의 성격과 고구려의 守墓制 개편」 『한국고대사연구』 76, 한국고대사학회.
김수태, 2014, 「집안고구려비에 나오는 律令制」 『한국고대사연구』 72, 한국고대사학회.
金永旭, 2007, 「中原高句麗碑의 國語學的 研究」 『口訣研究』 18, 口訣學會.
金英夏·韓相俊, 1983, 「中原高句麗碑의 建碑 年代」 『중등교육연구』 25.
金洋東, 2000, 「中原高句麗碑와 高句麗 金石文의 書體에 대하여」 『高句麗研究』 10 -中原高句麗碑 研究, 高句麗研究會.

김창석, 2014, 「5세기 이전 고구려의 王命 체계와 집안고구려비의 '敎'·'令'」 『한국고대사연구』 75, 한국고대사학회.

_____, 2015, 「고구려 守墓法의 제정 경위와 布告 방식 -신발견 집안고구려비의 분석」 『동방학지』 169, 연세대학교 국학연구원.

金昌鎬, 2000, 「中原高句麗碑의 建立 年代」 『高句麗研究』 10 -中原高句麗碑 研究, 高句麗研究會.

김현숙, 2014, 「집안고구려비의 건립시기와 성격」 『한국고대사연구』 72, 한국고대사학회.

_____, 2015, 「광개토왕비, 집안고구려비를 통해 본 고구려의 守墓制 정비」 『영남학』 26, 경북대학교 영남문화연구원.

南豊鉉, 2000, 「中原高句麗文의 解讀과 吏讀的 性格」 『高句麗研究』 10 -中原高句麗碑 研究, 高句麗研究會.

단국대학교 사학회, 1979, 『사학지』 13.

木村誠, 2000, 「中原高句麗碑의 立碑年에 관해서」 『高句麗研究』 10 -中原高句麗碑 研究, 高句麗研究會.

木下禮仁, 1980, 「中原高句麗碑 -その建立年代を中心として-」 『村上四男博士和歌山大學 退官紀念朝鮮史論文集』.

_____, 1982, 「日付干支と年次 -中原高句麗碑の日付干支をめぐつて」 『考古學と古代史』(同志社大學 考古學シリーズ 1).

朴眞奭, 2000, 「中原高句麗碑의 建立年代 考」 『高句麗研究』 10 -中原高句麗碑 研究, 高句麗研究會.

徐榮一, 2000, 「中原高句麗碑에 나타난 高句麗 城과 國防體系」 『高句麗研究』 10 -中原高句麗碑 研究, 高句麗研究會.

篠原啓方, 2000, 「中原高句麗碑의 釋讀과 내용의 의의」 『史叢』 51, 고려대학교 역사연구소.

손영종, 1985, 「중원 고구려비에 대하여」 『력사과학』 1985-2.

孫煥一, 2000, 「中原 高句麗碑의 書體」 『高句麗研究』 9, 高句麗研究會.

여호규, 2013, 「신발견 집안고구려비의 구성과 내용 고찰」 『고구려발해연구』 45, 고구려발해학회.

_____, 2015, 「집안고구려비와 광개토왕릉비 序頭의 단락 구성과 서술 내용 비교」 『신라문화』 46, 동국대학교 신라문화연구소.

_____, 2017, 「한,중,일 3국 학계의 집안고구려비 연구동향과 과제」 『동방학지』 177, 연세대학교 국학연구원.

李道學, 2000, 「中原高句麗碑의 建立目的」 『高句麗研究』 10 -中原高句麗碑 研究, 高句麗研

究會.

李銘賢, 2000, 「中原高句麗碑와 新羅 碑와의 比較」『高句麗研究』10 -中原高句麗碑 研究, 高句麗研究會.

李殿福, 2000, 「中原郡의 高麗碑를 통해 본 高句麗 國名의 變遷」『高句麗研究』10 -中原高句麗碑 研究, 高句麗研究會.

_____, 2000, 「高句麗金銅・石雕佛造像及中原郡碑」『博物館研究』1991-1.

이천우, 2016, 「집안고구려비의 수묘인 '差錯'문제를 통해 본 건립 시기 검토」『동북아역사논총』52, 동북아역사재단.

林起煥, 2000, 「中原高句麗碑를 통해 본 高句麗와 新羅의 關係」『高句麗研究』10 -中原高句麗碑 研究, 高句麗研究會.

임기환, 2014, 「집안고구려비와 광개토왕비를 통해본 고구려 守墓制의 변천」『한국사학보』54, 고려사학회.

장병진, 2016, 「고구려 出自意識의 변화와 고구려비의 건국설화」『인문과학』106, 성균관대학교 인문학연구원.

張俊植, 2000, 「中原高句麗碑 附近의 高句麗 遺蹟과 遺物」『高句麗研究』10 -中原高句麗碑 研究, 高句麗研究會.

張彰恩, 2006, 「中原高句麗碑의 연구동향과 주요 쟁점」『歷史學報』189, 역사학회.

정동민, 2013, 「한국고대사학회 집안고구려비 판독회 결과」『한국고대사연구』70, 한국고대사학회.

정호섭, 2015, 「광개토왕비와 집안고구려비의 비교 연구」『한국사연구』167, 한국사연구회.

최일례, 2016, 「집안고구려비에 보이는 '守墓人 賣買 禁止' 규정 검토」『목간과 문자』16, 한국목간학회.

홍승우, 2014, 「집안고구려비에 나타난 고구려 律令의 형식과 수묘제」『한국고대사연구』72, 한국고대사학회.

04 ─────────────────────────────────────

중원지역
고구려 고고학의 성과

Ⅰ. 머리말

지금으로부터 40년 前, 충주에서는 남한지역의 고구려 고고학 및 고대사 연구의 역사적 사건이 있었다.

'高句麗拓境碑 南韓서 첫발견,[01]
- 長壽王때 建立추정 「高麗大王」
「新羅土內」등 銘文일부 判讀 三國初
碑형태…廣開土大王碑와 같아-
高句麗 20代왕인 長壽王(394~491)
때에 건립된 것으로 보이는 拓境碑가
남한에서는 최초로 忠北中原군可今
면 龍田里 立石부락입구에서 발견됐
다. 8일 오전 檀國大고적조사단(단장
鄭永鎬교수)이 발견한 이 碑는 한줄
에 25~26字씩 고구려 척경비임을 뜻
하는 銘文이 정면에 10줄 좌측면에 7
줄이 음각돼 있다. 특히 단단한 화강
암에 파란 이끼가 낀 채 隷書體로 씌
어져있어 한누에 오래된 碑임이 확인
됐다…(이하 생략)'

동아일보(1979년 4월 9일)

이 사건은 국사편찬위원회의 「대한민국사연표」에도 '1979년 4월 8일 단국대

---

01 동아일보(1979.4.9)

고적조사단, 충북 중원군 가금면 입석부락에서 고구려 척경비(충주 고구려비) 발견'이라고 등재되어 있다.[02] 또 다른 한국사연표에는 '1979.4.8. 단국대학교 학술조사단, 충주의 中原高句麗碑를 발견함.'이라고 기록되어 있다.[03] 우리나라 역사 연표에 올라갈 만큼의 크나큰 비중이 느껴진다.

그리고 각종 교과서는 물론 '한국사능력검정시험'에도 빈출하는 인기 항목이 되어 있다. 이 글을 보고계신 여러분들께서 먼저 다음의 문제를 풀어보시면 좋을 것 같다.

위 기사에서 보듯이 1979년 4월 8일에 충북 중원군 가금면 용전리 입석부락에서 고구려비가 발견되었다.[04] 1981년 3월 18일에 국보 제205호로 지정되었는데 이때 행정구역이 충북 중원군에 속한 관계로 '中原 高句麗碑(Jungwon Goguryeo Stele)'라고 명명되었다. 2012년 문화재 명칭 조정시 현 행정구역명에 따라 '忠州 高句麗碑(Chungju Goguryeo Stele)'로 변경되었다. 올해는 충주 고구려비가 발견된 지 40주년이 되는 해로, 우리나라 고대사 연구의 획기적인 전환점을 제공해 주었다. 특히 문헌기록에만 의존하였던 고구려사를 고구려 고고학에 접목시키는 계기가 된 것이다. 이 비가 발견되기 전까지는 남한지역 내 고구려

---

02 db.history.go.kr/search/searchResultList.do?sort=&dir=&limit=20&page=1&pre_page=1&setId=1&totalCount=1&kristalProtocol=&itemId=tcct&synonym=off&chinessChar=on&searchTermImages(국사편찬위원회 한국사데이터베이스 대한민국사연표)

03 백태남, 2016, 『韓國史年表』, 다할미디어, 483쪽.

04 이 碑의 존재를 최초로 확인한 것은 忠州지방 문화재 동호인의 모임인 藥城동우회. 주말마다 忠州 부근의 문화재를 찾아 답사하던 중 지난 2월 25일 碑身에 글자가 있음을 확인, 평소 문화재에 대한 정보를 교환하는 黃壽永 교수(東國大박물관장)와 鄭永鎬 교수에게 통보했다. 지난 5일 현지를 1차 답사, 탁본을 해본결과 「新羅」 등의 銘文이 판독됨으로써 최소한 三國時代이전의 碑라는데 의견이 일치돼 8일 2차 조사를 한 것이다(동아일보. 1979.4.9.).
고구려비의 발견 경위에 대해서는 다음의 논고에 소상히 소개되어 있다.
鄭永鎬, 1979, 「中原高句麗碑의 發見調查와 硏究展望」 『史學志』 13, 檀國大學校 史學會.

고급 제 년도 회 한국사능력검정시험 문제지

3. 다음 비석에 대한 설명으로 옳지 않은 것은? [2점]

① 고구려의 관등명이 기록되어 있다.
② 고구려가 신라를 동이(東夷)로 칭하고 있다.
③ 한반도에서 발견된 유일한 고구려 비석이다.
④ 고구려가 남한강 유역까지 진출하였음을 보여준다.
⑤ 고구려가 신라의 요청으로 왜를 격퇴한 사실이 나타나 있다.

9. 다음에서 설명하는 문화유산을 지도에서 옳게 찾은 것은? [1점]

> 국보 제1호인 이 비석은 진흥왕 대의 영토 확장을 보여준다. 조선 후기 김정희에 의해 고증되기 전까지는 무학대사왕심비 등으로 알려져 있었다.

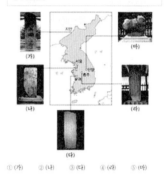

① (가) ② (나) ③ (다) ④ (라) ⑤ (마)

5. 다음 비석을 세운 왕이 시행한 정책으로 옳은 것은? [3점]

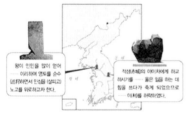

① 국학을 설립하여 유학을 교육하였다.
② 대가야를 정복하여 영토를 확장하였다.
③ 병부 등을 설치하여 지배 체제를 정비하였다.
④ 지방관을 감찰하기 위하여 외사정을 설치하였다.
⑤ 국호를 신라로 확정하고 왕이라는 칭호를 사용하였다.

5. 밑줄 그은 '왕'에 대한 설명으로 옳은 것은? [2점]

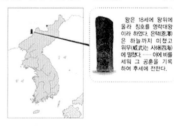

> 왕은 18세에 왕위에 올라 칭호를 영락대왕이라 하였다. 은택(恩澤)은 하늘까지 미쳤고 위무(威武)는 사해(四海)에 떨쳤다. 이에 비를 세워 그 공훈을 기록하여 후세에 전한다.

① 국내성에서 평양으로 도읍을 옮겼다.
② 낙랑군을 축출하여 영토를 확장하였다.
③ 전진의 순도를 통해 불교를 수용하였다.
④ 당의 침입에 대비하여 천리장성을 쌓았다.
⑤ 신라에 군대를 파견하여 왜를 격퇴하였다.

1 ~ 12

한국사능력검정시험 충주 고구려비 관련 출제문항
(좌우 고급 제29회/좌하 고급 제35회/우상 고급 제37회/우하 고급 제34회)

82 **忠州 高句麗碑** 어제와 오늘

유적·유물에 대한 인식은 전무한 형편이었다. 그간 호우총, 연가7년명 금동여래입상, 건흥5년명 광배 등이 간간히 보고되었을 뿐이다. 가히 고구려 고고학이란 단어는 사용하기가 어렵던 시절이었다.

이렇듯 1979년 '충주 고구려비'가 발견되면서 고구려 고고학의 서막이 서서히 열리기 시작하였다고 해도 과언이 아니다. 그 예로 1977년 구의동 보루가 발굴되었는데 처음에는 백제 분묘유적인 빈전장과 관련된 것으로 알려지다가 1980년대 몽촌토성의 발굴 결과 비로소 고구려유적으로 밝혀지게 되었다. 이후 1996년 파주 육계토성 내 고구려 주거지에서 광구장경사이호와 양이부호, 단경호 등이 출토되었는데 이는 백제 유적을 고구려가 재사용하면서 남겨진 결과였다. 그 외 한강유역의 아차산4보루, 시루봉보루, 홍련봉1·2보루, 용마산2보루, 아차산3보루, 용인 보정동 고분, 성남 판교동 고분, 화성 청계리 고분, 충주 두정리 고분 등과 임진강유역의 호로고루, 은대리성, 당포성, 무등리1·2보루, 연천 신답리 고분과 강내리 고분 등 많은 고구려 유적이 발굴되었다. 이처럼 90년대 이후 많은 고구려 유적과 유물이 발굴되면서 이제는 북한지역과 중국 동북지역과 함께 비교가 가능한 유구와 유물들을 확보하게 되었다. 즉 남한 내 고구려 고고학의 시작은 충주 고구려비인 것이다.

또한 1978년의 단양신라적성비 발견과 함께 이듬 해 충주 고구려비의 발견은 중원문화권 설정의 단초가 되기도 하였다. 현재의 국립중원문화재연구소, 타당성 용역을 마친 국립충주박물관(가칭)의 모태도 여기에 기인한다.

현재 中原文化圈이란 충주와 청주를 중심으로 하는 충청북도 일원을 포괄하는 지역에서 이루어진 역사적인 현상과 문화유산을 중원문화로 규정하고 이 같은 중원문화가 직접 혹은 간접으로 영향을 미쳐 형성된 문화권역을 의미한다.[05] 실제로 고고학계에서는 한강과 금강유역을 포함한 지역을 중원문화권으로 이

---

05 충청북도, 2002, 『통일시대 대비 중원문화권의 위상정립 및 발전계획』.
　정제규, 2007, 「불교문화를 통해 본 중원문화권의 검토」『충북학』9, 충북발전연구원, 47쪽.

해하였고,[06] 미술사 분야에서도 충주 지역 외에도 현재 충청북도의 남부에 해당하는 영동, 보은 옥천, 그리고 경상북도의 영주, 강원의 원주 등까지 포함하는 넓은 지역으로 중원문화권을 이해하여 왔다.[07] 따라서 현재 학계에서 인식하는 중원지역의 범위는 통일신라의 9주 5소경 가운데 漢州, 朔州, 尙州, 熊州, 溟州의 5주와 중원경, 북원경, 서원경 등 3소경 등이 직간접적으로 연결된다고 할 수 있으며, 그 연원은 고구려 남진정책의 결과로 확장되어 고구려의 직간접적인 영향을 받았던 지역에 해당한다고 하겠다.[08]

이글에서는 충주 고구려비 발견 이래 최근까지의 중원지역에서 발굴된 고구려 유적과 유물의 현황을 정리한 후 그 특징을 살펴보고자 한다. 이를 통해 중원지역에서 진행된 고구려 고고학의 성과와 과제도 함께 언급해 보도록 하겠다.

II. 중원지역 고구려 고고학 발굴 현황

1. 중원지역 고구려 유물

1) 충주 고구려비

충주 고구려비(국보 제205호)는 충북 충주시 가금면 용전리 280-11번지에 위치하고 있다. 비가 있는 곳은 남한강의 서안으로 북쪽에 잣고개를 지나 장미산성이 있고 남쪽으로는 탑평리 마을유적과 충주 탑평리 칠층석탑(국보 제6호)이 자리하고 있다. 이 비는 1979년 4월 8일에 예성동호회와 단국대 고적조사단에 의해 발견되었는데 한반도 유일의 고구려비로서 학계의 지대한 관심 속에서 많

06 황용운, 1983, 「중원지구문화의 고고학적 고찰」『중원문화논고집』.

07 정영호, 1996, 「불교문화에 있어서 중원지역 불교유적의 위상」『중원문화국제학술회의』.

08 정운용, 1989, 「5세기 고구려 세력권의 南限」『사총』 35, 고대사학회.
  최몽룡, 2014, 「中原文化와 鐵」『고구려와 중원문화』, 주류성출판사.

충주 고구려비
발견 모습
(1979년 4월 5일)

충주 고구려비
콘크리트 제거 모습1

충주 고구려비
콘크리트 제거 모습2

발견 후 탑본한 모습
(1979년 4월 8일)

은 연구가 이루어졌다.[09]

비가 발견된 직후 단국대학교 박물관에서는 7차례에 걸친 명문 확인 작업과 해독작업을 통해 '高麗大王', '前部大使者', '諸位', '下部', '使者' 등 고구려의 관직 이름과 광개토왕 비문에서와 같은 '古牟婁城'의 이름과 '募人三百', '新羅土內' 등 고구려가 신라를 불렀던 말들이 쓰여 있어 고구려비임을 확인하게 되었다. 전체적인 형태는 광개토대왕비와 유사하여 두툼하고 무게감이 있어 보인다. 높이 135cm, 전면 너비 55cm, 좌측면 너비 37cm의 사면 석주형으로 자연석의 형태를 이용하여 각자면을 다듬고 비문을 새겼다. 자경은 3~5cm이며 4면 모두 글씨를 새겼던 것으로 보이지만 마모 상태가 심하여 현재는 앞면과 왼쪽 측면만 해독이 가능하다. 1행 23자로 전면 10해, 좌측면 7행, 우측면 6행으로 여겨진다.

충주 고구려비는 비의 형식과 내용, 건립연대, 용어의 해독에 대해서 여전히

---

09 충주 고구려비의 연구사에 대해서는 다음의 글에 잘 정리되어있다.
　정제규, 2012, 「「中原高句麗碑」의 研究史的 檢討」 『中原文物』 4, 한국교통대학교 박물관.
　장창은, 2014, 『고구려 남방 진출사』, 경인문화사.

쟁점이 되고 있으나 고구려인에 의해 직접 세워진 비로서 충주지역에 대한 고구려의 진출과정과 천하관 등을 전해주는 1차 사료로서 절대적인 학술적 가치를 지니고 있다.

2) 충주 출토 건흥5년명 광배

建興5年銘 光背는 1915년 충북 충주시에서 출토된 것[10]으로 높이는 12.4cm이다. 광배에는 좌우 협시보살이 일주되어 있어 원래는 일광삼존불이었음을 알 수 있다. 한편, 연화문을 갖춘 두광과 신광을 도드라지게 표현하였으며, 상단에는 3구의 화불과 화염문이 장식하였다. 광배의 뒷면에는 해서체로 5행 39자의 명문이 기록되어 있어 현재 없어진 본존이 석가모니라는 것과 건흥 5년, 병진이라는 제작연대, 그리고 제작자와 제작 동기 등을 파악할 수 있다.

건흥5년명광배
(출처:국립청주박물관)

건흥5년명광배 후면
(출처:국립청주박물관)

---

10 건흥5년명 광배의 출토지에 관해서는 장준식, 2000, 「中原高句麗碑 附近의 高句麗系 遺蹟‧遺物 檢討」『高句麗研究』10, 고구려연구회, 601쪽에 자세히 기록되어 있다. 이 글에 따르면, 塔坪里 七層塔下, 노은면 출토 등으로 전하고 있으나 정확한 출토지는 확인하지 못하였다고 한다.

'建興五年歲在丙辰 佛弟子淸信女上部 兒奄造釋迦文像
願生生世世値佛聞法一切衆生同此願'[11]

즉, 건흥 5년 병진년에 불제자 청신녀 상부 아엄이 석가문상을 만들었는데,
바라옵건대 태어나고 태어나는 세상마다에서 불을 만나 법을 듣게 되고, 일체중
생이 이 소원을 같이하게 해달라는 내용이다. 광배의 제작연대에 대해서는 명문
의 맨 앞머리에 건흥이라는 연호와 병진의 간지가 병기되어 있는데, 두 연대가
서로 부합되지 않아 혼돈을 주고 있다. 그러나 이 광배가 고구려의 불상이라는
견해에는 대체로 동의하고 있다.

3) 제천 교동 출토 금제이식

교동 출토 금제이식은 충북 제천시 교동 산13번지 일원의 교동유적에서 확인
되었다.[12] 이 교동유적에서는 삼국~고려시대의 석곽묘 64기가 조사되었는데 이
중 5호와 22호 석곽묘에서 고구려계 금제이식이 출토되었다. 5호 석곽묘는 평
면형태 장방형의 횡구식 석곽묘로 바닥시설 외 한단의석재를 더 깔아 시상을 조
성하였으며 태환이식 1점이 횡구부의 반대편인 동단벽 주위에서 발견하였다.
22호 석곽묘는 평면 형태가 장방형으로 남단벽 상단에 1매의 폐쇄석이 놓여있
다. 구조는 1단의 석재를 깔아 바닥시설을 조성한 것을 제외하면 벽석 축조에
사용된 석재와 무덤구조, 규모 등은 5호와 매우 유사한 편이다. 유물은 횡부구
남단 주위에서 수하식 이식 1쌍을 수습하였다. 이들 무덤에서는 이식을 제외한
유물은 없었으며 묘의 구조는 주위에서 조사된 다수의 신라 분묘와 유사하다. 5
호 태환이식은 금판을 이용해 만들었고 22호 수하식 이식은 주환이 없으며 유
환은 금사를 살짝 뒤튼 뒤 둥근 고리를 만들었다. 수하식은 중앙이 오목한 심엽

---

11 황수영 · 진홍섭 · 정영호, 1992, 『韓國佛像三百選』, 한국정신문화연구원, 32쪽.
    가락국사적개발연구원, 1992, 『譯註 韓國古代金石文』 I.

12 김경호, 2018, 「제천 교동 신라고분 성격 검토」 『단양 신라적성비의 어제와 오늘』,
    한국교통대학교 박물관, 89~99쪽.

형으로 모두 3개를 만들었으며 가운데의 것이 크고 양쪽의 것은 작다. 제작방법은 심엽형 금판의 가장자리로 금판을 접어 붙인 것으로 심엽 하단의 가장자리 금판을 꼬아서 고정한 것으로 관찰된다. 6세기 중후반으로 편년된다. 이 유물들은 『삼국사기』에 전하는 高句麗 㮈吐郡의 기록과 단양신라적성비 건립이후 고구려 금제이식이 신라분묘에 부장되었을 것으로 추정된다.

4) 진천 회죽리 출토 금제이식

회죽리 출토 금제이식은 1963년 국립중앙박물관에서 진천에 거주하는 최 모씨로부터 구입한 것(유물번호 : 신861)으로, 출토지는 충북 진천군 만승면(현 광혜원면) 회죽리이다.

금제이식은 금동판을 말아 만든 속이 빈 굵은 고리에 굵기 0.4cm, 최대지름 2.5cm 정도의 금동제 가는 고리로 된 타원형 연결고리를 꿰어 장식을 단 형태이다. 전체 길이는 6.2cm이다.

이와 같은 회죽리 금제이식은 굵은 고리, 사이장식 형태, 심엽형의 끝장식을 특징으로 하는데 이는 고구려 이식의 특징을 보여주고 있다. 아울러 진천지역이 5세기 후반~6세기 중반까지의 사이에 고구려에 편입되었던 역사적 배경 등으로 볼 때,[13] 고구려와 밀접한 관련을 맺고 있음은 분명하다고 여겨진다.

5) 청원 상봉리 출토 금제이식

상봉리 금제이식은 충북 청원군 강외면(현 오송읍) 상봉리 113번지에서 1976년 출토되어 민용기씨에 의해 1점이 발견 신고되었다(유물번호 : 신8530).[14] 형태는 금동판을 말아 만든 속이 빈 굵은 고리에 청동제의 속심에 금판을 입힌 연결고리를 걸어 장식을 달게끔 되어 있다. 전체 길이는 5.1cm이다.

---

13 박영복·김성명, 1990, 「중부지역 발견 고구려계 귀걸이」『昌山金正基博士華甲記念論叢』, 591~593쪽.

14 박영복·김성명, 1990, 위의 글, 585쪽.

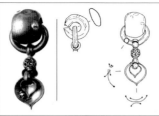
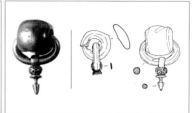

제천 교동 출토 금제이식   회죽리 출토 금제이식   청원 상봉리 출토 금제이식

중원지역 출토 고구려 이식

상봉리 출토 금제이식은 굵은 고리, 투작구체의 사이장식, 주판알+추형장식 (또는 표주박형, 종형 장식) 등을 특징으로 볼 수 있는데, 진천 회죽리 출토품과 함께 고구려 귀걸이류와 비교되는 고구려 유물로서 이를 통해 고구려의 세력의 진출 양상을 살필 수 있는 자료로 평가된다.

6) 청주 부모산성 출토 유물

부모산성은 충북 청주시 비하동과 강서동, 휴암동 및 청원군 강내면 학천리, 서촌동, 지동동 사이에 형성된 부모산(해발 231) 일대의 봉우리들에 축조된 석축 산성과 보루들이 복합된 유적이다.[15] 2012년 충북대학교 박물관에서 서문지와 제1보루, 모유정 등에 대한 조사를 시작하여 2013년에는 학천산성으로 범위를 확대하는 조사가 이루어지고 있다.

최근 조사에서 고구려 유물이 출토되어 주목된다. 먼저 토기로는 북문지 및 수구지 일원에서 출토된 보주형 뚜껑과 부모산성 제1보루 북서쪽 성벽 조사에서 출토된 장동호 편들, 그리고 지표에서 수습된 유물들이 있다. 이들 토기는 고구려 토기 내지는 고구려계 토기로서 주목되며, 이밖에 고구려 토기의 영향을

---

15 차용걸, 2013, 「청주 부모산성의 조사 성과와 의의」 『청주 부모산성의 종합적 고찰』, 충북대학교 박물관, 11쪽.
한국성곽학회, 2019, 『청주의 산성과 부모산성』.

받은 백제 사비기 토기들이 출토되었다. 이 가운데 보주형 뚜껑 손잡이는 청원 남성골유적 및 한강이북의 아차산 4보루, 홍련봉 2보루 등 고구려 보루유적에서 출토된 유물과 같은 양상을 보이고 있다.

부모산성에서 출토된 철제유물 가운데에 제1보루에서 고구려계 철촉 3점이 출토되었는데, 유엽형 2점과 착두형 1점으로 촉두가 길고 경부가 짧은 형태적 특징과 제작기법이 남성골유적에서 출토된 철촉과 같다.[16]

현재까지 고구려와 관련된 성곽 시설물이나 유구들이 확인되지 않고 있으나, 출토된 고구려 유물의 양상을 볼 때, 앞으로 그 가능성을 배제할 수는 없을 것으로 판단된다. 따라서 현재까지의 조사 성과를 바탕으로 살펴보면 부모산성이 고구려에 의해 장악되었을 가능성이 매우 높으며, 그 시기는 남성골유적과 동일한 시기에 해당할 것으로 여겨진다.

7) 세종 금이성 출토 鐵鍑

금이성(세종특별자치시 기념물 제5호)은 세종특별자치시 전의면 달전리 산9번지 일대의 금성산(해발 424m)의 정상부를 둘러싼 둘레 약 500m의 석축 산성이다. 이성은 2011년 충남역사문화연구원의 지표조사[17]와 2016년 한국고고환경연구소의 시·발굴조사[18]가 있었다. 철복은 금이성의 북서쪽에 체성부 1구간의 내벽에 인접하여 출토되었다. 기고는 12.4cm이고 두께는 0.4~0.9cm이다. 구연 일부가 결실되었으나 완형이며 기형상 호형에 해당한다. 바닥은 가운데가 들려 있으며 저부에서 사선으로 벌어져 올라가 동체와 연결된다. 동중상위에서 최대경을 이룬뒤 내민하여 직립하는 구연과 이어진다. 동중상위 3조의 돌대가 돌아가는데 이중 가장 하단의 돌대가 동최대경을 이루면서 상·하 용범을 구분했던

FOOTNOTES

16 김길식, 2013, 「청주 부모산성 출토 철제유물의 계통과 점유세력의 변화 추이」『청주 부모산성의 종합적 고찰』, 충북대학교 박물관, 150쪽.

17 충남역사문화연구원, 2011, 『도지정문화재 연기 금이성 학술연구』.

18 한국고고환경연구소, 2018, 『세종 금이성 -1차 시·발굴조사 보고서-』.

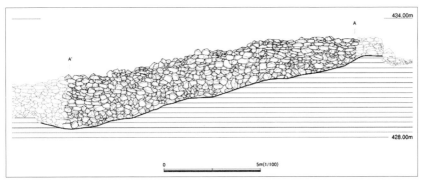

세종 금이성 북서쪽 체성부 1구간 내벽 입면도(한국고고환경연구소, 2018)

세종 금이성 북서쪽 체성부 1구간 내벽 출토 철솥(한국고고환경연구소, 2018)

분할선에 해당한다. 구연부에는 대칭을 이루며 환형의 파수가 수직으로 부착되어 있다.[19] 이 철복은 환인 오녀산성과 심양 석대자산성 출토품과 좋은 비교 자료가 되며 그 시기는 6세기 말에서 7세기 초로 추정된다.[20]

19 한국고고환경연구소, 2018, 위의 책, 103쪽.

20 석대자산성의 집수지는 모두 6개 층위로 구분되며, 이중 5층과 6층에서 토기류, 철기류, 골기류 등 96점의 고구려 유물이 집중 수습되었는데 철복은 5층에서 검출되었다. 또 성벽과 성내 유구 출토된 剪輪五銖錢과 隋五銖錢 등으로 볼 때 그 상한은 6세기 말에서 7세기 초로 추정된다(백종오, 2017, 「中國內 고구려산성의 발굴현황과 주

8) 강릉읍성 출토 수막새

103	경희대학교 박물관 소장 (khu301441)	홍련봉 1보루 출토 연화문와당
104	경희대학교 박물관 소장 (khu301413)	평양 청암리 酒巖洞 출토
108	단편연화문 와당 A-Ⅰ식	단판연화문 와당-Ⅲ식

강릉읍성 출토 고구려 수막새(江原考古文化研究院, 2016)

요 유구·유물의 검토 -2005년~2016년 발굴조사를 중심으로」『先史와 古代』 53, 한국고대학회, 32쪽, 40~41쪽).

강릉읍성은 강릉대도호부 관아를 둘러싸고 있는 성으로 평면은 남북이 장축인 마름모 형태이다. 성내에는 강릉 관아지, 임영관지, 객사문 등이 위치하고 있다. 고구려 수막새는 모두 3점으로 2014년 서벽부 일원에 대한 발굴시 2호 건물지 주변을 확장하는 과정에서 조합연화문수막새 2점과 트렌치2의 확장 구간에서 복판연화문 수막새 1점이 수습되었다.[21] 조합연화문 수막새는 선각과 양각의 연화문을 4+4엽으로 배치하였는데 홍련봉1보루 출토 수막새와 같은 형식임을 고려할 때 6세기 전반~중반까지로 여겨진다. 또한 홍련봉1보루 출토품보다 고부조의 양각 행인형 연화문인 점, 선각연판의 간결한 표현, 자방 주위를 돌아가는 원권문의 비대칭 구도 등으로 보아 좀 더 고식에 속하는 형식이 아닌가 한다. 평양과 서울, 강릉이라는 지역적 차이와 그간 문헌에만 의존한 고구려사 연구에서 강릉읍성 출토 수막새가 가지는 의미는 매우 중요하다고 판단할 수 있다.

2. 중원지역 고구려 유적

1) 충주 장미산성

장미산성(사적 제400호)은 충북 충주시 가금면 장천리와 가흥리, 그리고 하구암리에 위치한 해발 337.5m의 장미산 정상부와 계곡을 포함하는 둘레 2,932m의 포곡식 석축산성이다. 산성의 남쪽에서 달천과 합류한 남한강이 산성 동쪽으로 휘감아 흐르다가 북행하고 있어 남쪽과 동쪽, 북쪽의 삼면이 천연의 해자역할을 하고 있다. 장미산성은 남서쪽에 위치한 충주 고구려비로 인해 고구려와의 관계가 언급되었으나,[22] 1992년 충북대학교 박물관에 의한 지표조사에서 수습 유물을 통하여 백제 한성기의 산성일 가능성이 제기되기도 하였

---

21 江原考古文化研究院, 2016, 『江陵邑城 -강릉 문화도시 조성사업부지내 유적 발굴조사보고서』, 103~107쪽.

22 蘂城同好會, 1984, 『中原文化遺蹟圖報』, 蘂城文化 6호 특집호.

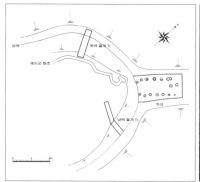

충주 장미산성 목책치성

다.[23] 2003~2004년에 이루어진 중원문화재연구원의 조사는 시굴조사에서 미처 밝히지 못한 판축토루의 문제와 성벽의 구조, 축조기법, 치성 및 배수로와 배수시설 등에 대하여 이루어졌다.[24]

산성 내에서는 원저단경호를 비롯한 각종 호와 병, 발형토기, 완, 시루편 등이 출토되었다. 문양을 살펴보면 조족문토기를 비롯하여 점열문과 파상문이 시문된 적갈색의 발형 통기 등이 주목되는데, 숯을 통한 방사성탄소연대측정 결과 얻어진 490A.D.라는 측정치는 시사하는 바가 크다고 하겠다. 한편 보습, 소찰갑, 철촉, 철정 등의 철제유물 가운데 모봉형의 철촉들이 5세기 후반에서 6세기 전반으로 편년되는 점에서 숯의 연대측정 연대값과 깊은 관련이 있음을 파악할 수 있게 되었다.

2) 충주 탑평리 유적

충주 탑평리 유적은 충북 충주시 가금면 탑평리 116-6(전)번지 일대에 위치

---

23 충북대학교 박물관, 1992, 『中原 薔薇山城』.

24 중원문화재연구원, 2006, 『忠州 薔薇山城 -1次 發掘調査 報告書-』.
  차용걸·백종오, 2011, 『忠州 薔薇山城』, 한국성곽학회·충청북도.
  국립중원문화재연구소, 2013, 『충주 장미산성 시굴조사보고서』.

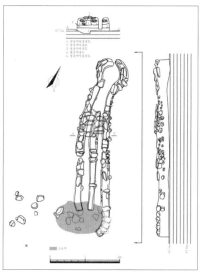

탑평리 유적 고구려 구들 모습
(국립중원문화재연구소, 2013)

탑평리 유적 고구려 구들 실측도
(국립중원문화재연구소, 2013)

한다. 유적이 위치한 곳은 남한강변의 넓은 충적지대로 동쪽에는 남한강이 북쪽
으로 흐르고 있다. 이 지역은 "중앙탑"으로 불리는 충주 탑평리7층석탑이 위치
하고 있고 주변으로 장미산성, 충주 고구려비, 누암리고분군 등이 인접하고 있
어 일찍부터 주목되었다.

　충주 탑평리 유적에 대한 조사는 한국교원대학교 박물관이 1992~1993년
에 탑 주변 지역을 발굴조사하여 대규모 건물지와 신라~통일신라시대의 토기
와 기와를 확인하였다.[25] 이후 국립중원문화재연구소에서 중원경 치소에 대한
본격적인 조사를 실시하였다.[26] 2010년 이루어진 국립중원문화재연구소의 3차

25 한국교원대학교 박물관, 1992,『중원 탑평리사지 발굴조사보고서』; 1993,『중원 탑
　　평리 유적 발굴조사보고서』.
26 국립중원문화재연구소, 2012,『충주 탑평리유적(중원경 추정지) 시굴조사보고서』;
　　2013,『충주 탑평리유적(중원경 추정지) 발굴조사보고서』.

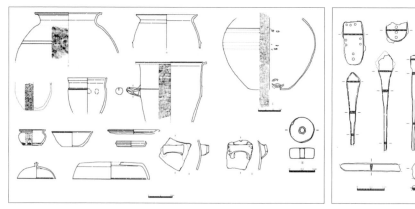

탑평리 유적 고구려 구들 출토 토기류
(국립중원문화재연구소, 2013)

탑평리 유적 고구려 구들 출토
철제류
(국립중원문화재연구소, 2013)

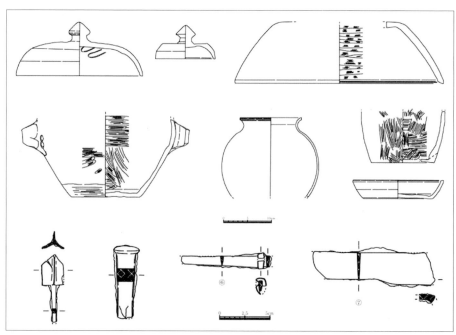

탑평리 유적 1구역에서 수습된 고구려 유물(국립중원문화재연구소, 2013)

시굴조사에서 충주지역의 고구려 문화를 살필 수 있는 주목할 만한 성과를 얻게 되었는데, 충주 고구려비와 장미산성에서 확인된 고구려계 유물을 뒷받침하는 고구려 문화층이 확인되었다. 즉 백제 漢城期에 조영된 것으로 추정되는 1호 수혈주거지의 중앙에서 동편으로 1m 정도 치우친 곳에서 주거지가 폐기된 이후 설치된 고구려 계통의 터널식 쌍고래 구들시설이 조사되었으며, 주거지 상부에서는 전형적인 고구려계 토기인 대상파수와 중호문과 점열문이 혼합 시문된 고구려 계통의 토기가 수습되었다.

이처럼 충주 탑평리 유적은 삼국~통일신라시대에 이르는 중원문화의 실체를 구명할 수 있는 고대 도시유적으로서 주목된다.

3) 충주 단월동 고분

단월동 고분은 충북 충주시 단월동 5-1번지에 위치하는데 남동쪽으로 뻗은 해발 110m 내외의 능선에 해당한다.

건국대학교 박물관에 의해 1993년 6기의 고분이 발굴조사되었다.[27] 조사결과 5호분과 10호분의 경우 잘 손질된 화강암 할석을 이용하고 목관을 두었던 흔적이 확인되는 등 잔존형태나 축조방법에 있어서 두정리 고분군과 매우 유사한 양상을 보이고 있다. 그리고 출토유물에 있어서는 수평으로 넓게 벌어지다가 구순을 둥글게 처리한 구연부를 특징으로 하는 5호분 출토 호와 10호분에서 출토된 소형의 평저 단경호 또한 기형과 제작방식 등에서 고구려 계통으로 보는 것이 타당하다.

따라서 단월동 고분군의 5호분과 10호분은 두정리 고분과 같이 고구려가 국원성을 경영하였던 시기에 축조된 고구려계 고분으로 추정할 수 있으므로 같은 시기 충주지역에 영향을 미친 고구려 국원성에 대한 실증적인 자료를 제공한다고 하겠다.[28]

---

27 건국대학교 박물관, 1994, 『忠州 丹月洞 古墳群 發掘調査報告書』.

28 김정인, 2011, 「충주지역 고구려계 고분과 그 성격」 『중원문화재연구』 5, 중원문화

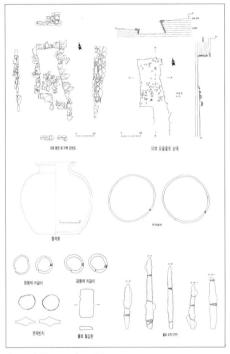

충주 단월동 10호 고분
(건국대학교박물관, 1994)

충주 단월동 5호 고분
(건국대학교박물관, 1994)

4) 충주 두정리 고분

　충주 두정리 고분은 충북 충주시 대소원면 두정리 355번지 일원에 위치한다. 해발 300m 이상의 봉우리들로 둘러싸인 분지지형의 계곡부의 완만한 사면으로 지형에 따라 자연적으로 형성된 교통로에 인접하고 있다. 이 유적은 충주지역에서 확인된 최초의 고구려 고분이라는 점에서 주목받았으며, 고구려의 충주 진출을 뒷받침해줄 고고학적 증거로서 그 의미가 매우 크다. 두정리 고분은 2007~2008년 중원문화재연구원이 실시한 충주 클린에너지파크를 조성하기

재연구원.

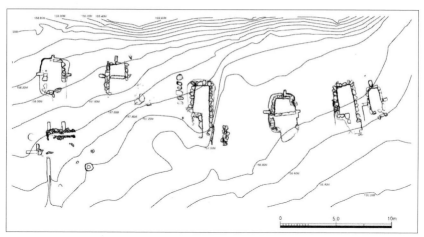

충주 두정리 고분군 전체 현황도(중원문화재연구원, 2010)

위한 발굴조사에서 확인되었다.[29]

조사된 고분은 모두 6기로 평탄지에 가까운 매우 완만한 경사면에 2~3m의 일정한 간격을 두고 등고선 방향을 따라 배치되었다. 석실의 입구를 개천방향으로 낸 형태로서 충주일대에서 확인된 신라 및 백제 고분들이 경사진 능선에 집단으로 조성되는 것과는 차이를 보이고 있다. 이러한 입지는 고구려의 주요 교통로와 관련이 있는 것으로서 강 주변에 형성된 자연 교통로를 중심으로 중앙의 영향력이 미칠 수 있도록 하고 거점 지역에 산성이나 보루 등을 축조하여 방어망을 구축하는데, 고분도 조망이 양호한 완만한 경사면이나 경사면에 이어진 평탄면에 입지하는 공통점을 보이고 있다.[30]

고분의 축조 방법에 있어서 봉토는 잔존상태가 좋지 않지만, 묘광의 경우 일정한 크기로 굴착하여 석실을 축조하였다. 특히 바닥 중앙에 불을 피워 소결한

29 중원문화재연구원, 2010, 『忠州 豆井里 遺蹟』.

30 白種伍, 2009, 「南韓內 高句麗 古墳의 檢討」『高句麗渤海硏究』35, 高句麗渤海學會, 234~236쪽.

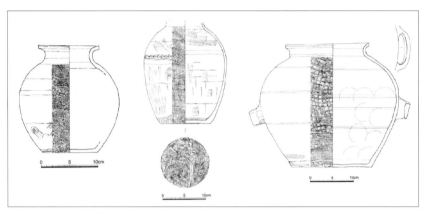

충주 두정리 고분군 출토 토기류(중원문화재연구원, 2010)

흔적은 성남 판교동 고분과 화성 청계리 고분에서도 확인되고 있어 고구려 계통의 한 특징을 보이고 있다. 한편 2호분에서는 회칠한 흔적이 확인되기도 하였다. 석실 내부에는 별도의 시상대를 마련하지 않고 목관을 바닥에 안치했던 것으로 밝혀졌다.

두정리 고분에서 출토된 유물은 매우 빈약하지만 2호 석실분에서 출토된 단경호와 4호분 은제 지환, 6호분에서 장동호와 철정 등이 출토되었다. 이 가운데 단경호와 장동호는 고구려 토기의 공통적 요소들이 뚜렷하게 확인되며, 은제 지환은 인근의 충주 단월동 고분에서 출토된 것과 매우 유사한 형태를 보이고 있다.

두정리 고분은 충주지역에서 처음으로 확인된 고구려 고분으로서 동일한 축조기준을 가진 집단에 의해 연속적으로 조성되었던 것으로 추정되며, 비교적 짧은 시간에 축조가 이루어졌던 것으로 여겨진다. 조성 시기는 고구려의 국원성 경영 집단과의 관련성이 깊은 유적으로 생각된다.

5) 부강 남성골산성

남성골산성(세종특별자치시 기념물 제9호)은 세종특별자치시 부강면 부강리 산 24번지 일원에 위치한다. 이곳은 북쪽의 은적산에서 남쪽으로 흐르는 白川이 금강에 합류하는 지점의 북서쪽에 해당한다. 해발 281m의 복정산에서 서남쪽으로 뻗은 능선과 연결되는 해발 100m 내외의 낮은 야산의 정상부와 사면으로 남성골산성으로 알려져 왔으며, 발굴조사에서 금강의 北岸에 위치한 고구려 성책유적으로 주목을 받았다.

이 유적은 40번국도 부용-청원IC간 도로 확포장공사구간에 포함되어 2000년 지표조사를 시작으로 본격적인 조사가 이루어졌다. 지표조사 결과에 따라[31] 진행된 2001년 시굴조사에서 목책 시설일 가능성 등이 제기되어 2001~2002년까지 발굴조사가 이루어졌다. 조사 결과 내·외곽을 이중으로 돌린 木柵과 내곽으로 이어지는 능선을 차단하는 壕, 그리고 내곽 정상부 동문터의 석축벽체를 특징으로 하는 5세기 후반대의 고구려 城柵遺蹟으로 밝혀졌다. 2중으로 이루어진 목책과 정상부 북쪽과 서쪽으로 낮아지는 사면에서는 목책 주열만 남은 치성 시설이 3개소에서 확인되었으며, 목책의 내부에서는 수혈구덩이와 주거지,

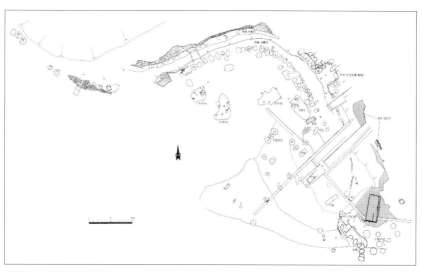

청월 남성골 유적 유구 배치도(충북대학교 박물관, 2004)

31 충북대학교 박물관, 2000, 『芙蓉·淸原I.C.間 道路擴張 및 鋪裝工事區間 文化遺蹟 地表調査 報告書』.

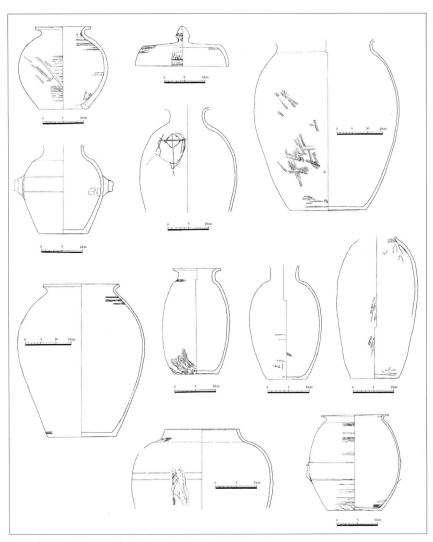

청원 남성골 고구려 유적 출토 토기류(충북대학교 박물관, 2004)

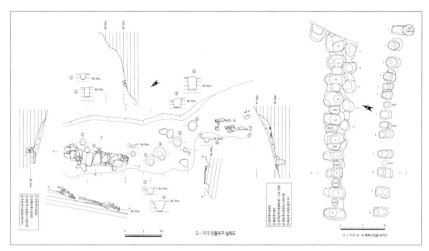

청원 남성골 고구려 유적 온돌유구와 목책구덩열(중원문화재연구원, 2008)

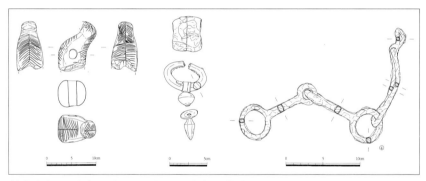

청원 남성골 유적 출토 새모양 토제품 · 금제이식 · 철제 재갈(중원문화재연구원, 2008)

그리고 고구려식 구들과 고구려계통의 평저 토기를 구워낸 가마터 등이 조사되었다.[32]

　이후 도로공사에 추가로 편입되는 지역에 대한 시굴조사와 발굴조사가

32　충북대학교 박물관, 2004, 『淸原 南城谷 高句麗遺蹟』.

2005~2006년까지 중원문화재연구원에 의해 이루어졌다. 조사에서는 수혈구덩이와 수혈유구, 온돌 유구가 조사되었으며, 내곽의 목책구덩이는 연결되고 있지 않음이 확인되었다. 사면 외곽에서는 하단 외연을 따라 내외 목책열이 조사되었고, 수혈구덩, 온돌, 온돌주거지, 목곽고, 수혈유구 등이 조사되었다. 내외 목책열은 2m 정도의 간격으로 정연하게 연결되고 있음이 확인되었고, 목곽고는 출토유물을 통해 고구려의 저장고임이 밝혀졌다.[33]

2차례의 발굴조사에서 출토된 유물 가운데 고구려계 토기가 가장 많이 출토되었는데 평저 장동호류, 옹류, 호류, 동이류, 뚜껑류, 발, 완, 반 등으로 그 시기는 5세기 후반으로 편년되었다. 이밖에 14호 수혈유구 옆 퇴적층에서는 고구려계 태환식의 금귀걸이가 출토되었다.

남성골 유적은 금강유역에서 고구려에 의해 경영된 주거기능을 겸한 군사시설로서 주목되며, 토기의 편년으로 볼 때 5세기 후반에 집중되지만 6세기 전반까지 운영되었던 것으로 파악되고 있다.

6) 진천 대모산성

대모산성(충북 기념물 제83호)은 충북 진천군 진천읍 상석리 산1-5번지 일원에 위치한다. 주변은 낮은 구릉과 충적평지로 사방이 산지로 둘러싸인 분지의 중앙 지대로서 북쪽에서 흐르는 하천과 서쪽에서 흐르는 백곡천이 동남에서 합류하는 지점이다. 산성은 구릉의 지형상으로 子城과 內城, 그리고 外城으로 구분되는데, 곳곳에서 석축의 흔적이 확인된다. 내성의 성벽은 전체 둘레 827m이고 자성의 남벽 30m가 확인된다.

1996년 충북대학교 호서문화연구소에서 실시한 지표조사에서 주목할 만한 유물이 수습되었다.[34] 지표조사에서 수습된 유물 가운데 흑도계 연질 마연토기 편이 있는데 복원 높이가 50cm 정도로 저부의 직경에 비해 구연이 넓고 목이

---

33 중원문화재연구원, 2008, 『淸原 南城谷 高句麗遺蹟(2006年度 追加 發掘調査)』.

34 충북대학교 호서문화연구소, 1996, 『鎭川 大母山城 地表調査 報告書』.

짧으며 구연부가 크게 외반된 형태로 정선된 태토로 소성되었다. 이는 한강유역
에서 발견되는 고구려 계통의 토기와 유사한 것으로 대모산성이 고구려와 일정
한 관련이 있음을 보여주는 유물이라고 할 수 있다. 이밖에 보주형 토제 꼭지와
흑색계통의 토기편 등 고구려와 관련지을 수 있는 유물들이 수습되었다. 이러한
토기들은 북쪽에 인접한 송두리 유적에서 출토된 고구려계 토기와 함께 대모산
성이 고구려의 영향이 미친 유적임을 알 수 있게 해준다.

7) 진천 송두리 유적

송두리 유적은 충북 진천군 진천읍 송두리 157번지에 위치하고 있는데 대모
산성 북쪽에 인접하고 있다. 2003년 한국문화재보호재단의 발굴결과, 송두리
유적은 3세기 이전부터 발달된 타날문 토기 문화를 바탕으로 한 정치적 세력이
기반을 갖고 있다가 4세기 중후반경에 이르러 한성백제의 직접적인 영향을 받
은 것으로 추정되었다.[35]

한편, 회색 니질의 호와 승문을 타날한 후 지운 흑색 호, 자배기 등은 구연부
를 곡면으로 외반시킨 후 구순을 곡면으로 처리한 모습을 보이는 등 고구려 토

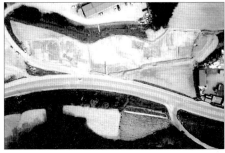

송두리 유적과 대모산성(한국문화재보호재단, 2005) 송두리 유적 발굴조사 전경(한국문화재보호재단, 2005)

35 한국문화재보호재단, 2005, 『鎭川~鎭川Ⅰ·C間 道路擴·鋪裝工事 區間內 松斗里遺蹟
發掘調査 報告書』.

기의 특징을 잘 보여주고 있다. 따라서 송두리 유적은 대모산성과 함께 진천지역에 대한 고구려의 영역확장을 보여주는 고고학적 자료를 제공한다는 측면에서 중요한 의미를 갖는다고 할 수 있다.

송두리 유적 출토 토기류(한국문화재보호재단, 2005)

8) 대전 월평동산성

월평동산성(대전광역시 기념물 제7호)은 대전광역시 서구 월평동 산20-1번지 일대에 위치하며 해발 81~137m의 구간에 축조된 포곡식 산성으로 둘레는 약 745m이다. 이 산성에 대한 발굴조사는 2001년 충청문화재연구원에 의해 실시되었다. 조사결과 성벽은 원지표층위에 기반을 조성한 후에 체성을 축조하였는데 체성은 토루를 판축으로 조성하고난 다음에 외부에 석축성벽을 축조하였다. 체성벽 정상부에는 마감시설을 축조하였음이 확인되었다. 이들 성벽 축조 이전의 원지표층에서 고구려 토기가 집중적으로 출토되었으며, 성벽 축조 이전의 원형 수혈유구와 고대지 남쪽 능선지역 수혈유구 및 지표에서도 약간의 고구려 토기가 출토되었다.[36]

출토된 고구려 토기는 옹, 장동호, 동이, 시루, 완, 접시 등으로 정선된 니질토를 사용하였으며 대부분 회전물손질에 의해 매끄럽게 정면되었고, 바닥은 모두 평저로 일부 기벽 외면에 암문과 음각선이 시문되기도 하였다. 이와 같은 월평동산성 출토 고구려 토기의 편년에 대해 보고자는 5세기 후반부터 6세기 중엽까지의 시점으로 추정되었으며, 특히 『三國史記』백제본기 동성왕 16년의 기록 등을 고려하여 그 하한을 5세기 말로 설정하였다.

---

36 충청문화재연구원, 2003, 『大田 月坪洞山城』.

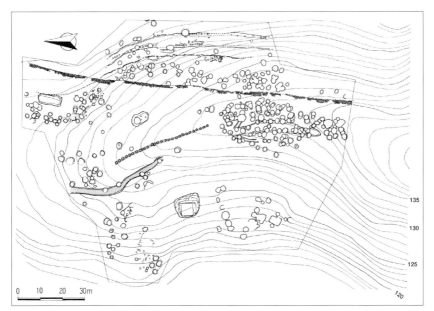

대전 월평동 유적 현황도(국립공주박물관 · 충남대학교 박물관, 1999)

9) 대전 월평동 유적

월평동 유적[37]은 대전광역시 서구 월평동 산25-1번지 일대에 위치한다. 이 유적에서 출토된 유물은 6~7세기의 백제 토기와 기와가 대부분을 차지하고 있으나 저장공 등에서 직구옹편, 장동호 등 고구려 토기가 수습되어 주목되었다. 출토된 고구려 토기는 장수왕대 중원지역을 장악하였던 고구려세력의 일부가 이 지역까지 이동하였을 가능성과 554년 고구려가 백제 웅천성을 공격했다는 『삼국사기』의 기록에 근거한 고구려의 단발적인 웅거 상황을 뒷받침해줄 수 있는 자료로 인식된다. 아울러 월평동산성과 인접하고 있는 상황으로 볼 때, 대전 지역에 대한 고구려의 진출 상황은 보다 명확해진다고 할 수 있다.

---

37 국립공주박물관 · 충남대학교박물관, 1999, 『大田 月坪洞遺蹟』.

10) 원주 건등리 유적

건등리 유적은 강원도 원주시 문막읍 건등리 1440번지 일대에 위치한다. 해발 80m 이하의 선상지의 선단부에 해당하는데, 주변은 섬강으로 합류하는 흰개울천이 흐르고 있으며 하천 주변으로 비교적 넓은 충적지와 구릉지대가 형성되어 있다. 건등리 유적은 남한강유역에서 처음으로 확인된 고구려 생활유적으로서 주목되었다.

2006년 예맥문화재연구원의 발굴조사[38] 결과, 1호와 2호 주거지 내부에서 장동호와 파상문이 시문된 토기편 등이 출토되었으며, 구상유구에서는 대상파수가 부착된 동체편을 비롯하여 시루 저부편, 우각형파수, 저부편 등이 출토되었다. 주혈유구와 수혈유구에서도 고구려 토기가 출토되었는데, 특히 구상유구

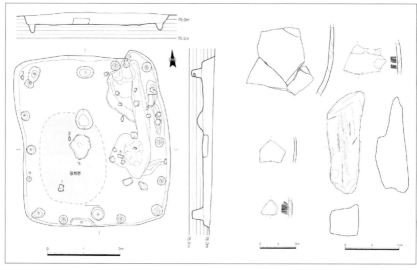

원주 건등리 유적 1호 주거지(예맥문화재연구원, 2008)

---

38 예맥문화재연구원, 2008, 『原州 建登里遺蹟 -원주 건등리 아파트신축부지 발굴조사 보고서-』.

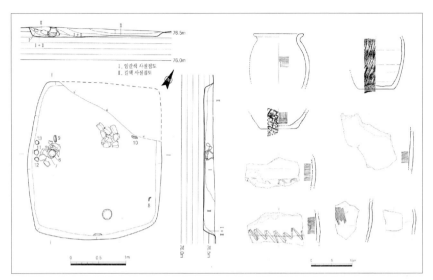

원주 건등리 유적 2호 주거지(예맥문화재연구원, 2008)

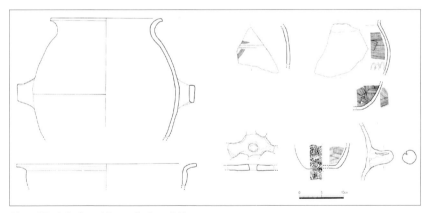

원주 건등리 유적 구상유구 1호 출토 유물(예맥문화재연구원, 2008)

에서 출토된 유물 가운데 동체부에 일조의 횡침선을 돌리고 대상파수를 부착한 것은 고구려 토기와 밀접한 관련이 있는 것으로 주목된다. 따라서 건등리 유적은 고구려의 남진과 관련된 고구려 유적으로서 매우 중요한 의미를 갖는다고 할 수 있다.

중원지역 고구려 유적 · 유물 현황표

	명칭	위치	성격	특징	비고
1	충주 탑평리 유적	충주시 가금면 탑평리 116-6(전)번지 일대	주거지	쌍구들 시설	상층 고구려 하층 백제
2	충주 장미산성	충주시 가금면 장천리와 가흥리, 하구암리 장미산	성곽	석축산성 목책치성	둘레 2,932m
3	충주 두정리 고분군	충주시 이류면 두정리 355번지 일원	고분	횡혈식석실분 6기	2호 단경호 4호 은반지 6호 장동호
4	충주 단월동 고분	충주시 단월동 5-1번지 일원	고분	횡혈식석실분 2기	5 · 10호 단경호 추가장
5	청원 남성골 유적	청원군 부용면 부강리	성곽	복곽식 목책성	둘레 360m 추정 토기 · 철기 · 재갈 · 금귀걸이 등
6	진천 대모산성	진천군 진천읍 상석리 산1-5번지 일원	성곽	자성 · 내성 · 외성 3중 구조	둘레 827m 흑색 마연토기 등
7	진천 송두리 유적	진천군 진천읍송두리 157번지	주거지 (?)	·	각종 호 · 자배기 등
8	원주 건등리 유적	원주시 문막읍 건등리 1440번지 일대	주거지	구상유구 주혈유구 수혈유구	양이부호 · 시루 · 대상파수 등
9	대전 월평동 산성	대전광역시 서구 월평동 산20-1번지 일대	성곽	성축조 이전 수혈유구	둘레 745m 옹 · 장동호 · 동이 · 시루 · 완 · 접시 등
10	대전 월평동 유적	대전광역시 서구 월평동 산25-1번지 일대	성곽	목책성 저장공	직구 옹 · 장동호 등
11	충주 고구려비	충주시 가금면 용전리 280-11번지	비	사면 석주형	높이 135m 전면너비 55m 우측면 너비 37m
12	충주 건흥5년명 광배	충주시 노은면(?)	광배	5행 39자 명문	1915년 출토 높이 12.4m
13	진천 회죽리 출토 금제이식	진천군 광혜원면 회죽리	이식	태환이식 (심엽형 끝장식)	1963년 출토
14	청원 상봉리 출토 금제이식	청원군 오송읍 상봉리 113번지	이식	태환이식 (주판알+추형장식)	1976년 출토
15	청주 부모산성 출토 유물	청주시 비하동 · 강서동 · 휴암동, 청원군 강내면 학천리 · 서촌동 · 지동동의 부모산	성곽	산성 · 보루 배치	보주형 뚜껑 · 장동호 · 철촉 등

III. 중원지역 고구려 고고학의 성과[39]

1. 중원지역 고구려 유물과 유적의 검토

1) 고구려 유물의 검토

a. 충주 고구려비는 한반도 내에 존재하는 유일한 고구려 비로서 1979년 발견 이후 학계의 커다란 관심 속에서 많은 연구가 진행되었다.

고구려비에 대해서는 비문에 대한 판독부터 번역, 그리고 비의 형식적인 면과 내용적인 면에서 많은 논란이 있어 왔다. 형식적인 면에 있어서는 비의 재질을 포함하여 형태, 비문의 서체와 형식 등 여러 가지가 있으며, 내용적인 면에서는 비문의 인명과 지명, 비문의 내용과 건립연대 등이 해당한다. 이 가운데 가장 중요한 문제는 비가 과연 언제 건립되었는가에 대한 명확한 결론을 내리지 못하고 있는 점이다. 비문에 건립연대를 알 수 있는 분명한 기록이 없고 많은 사건들이 기록되어 있기 때문에 많은 추정이 이루어졌다. 고구려비의 연대 비정 논의는 題額의 존재여부, 干支의 문제와 이와 관련된 문헌을 통한 정황론적 접근을 바탕으로 한 추정 등으로 나누어진다.

고구려비의 건립연대에 대해서 가장 핵심이 되는 것은 비문에 보이는 干支의 해석에 관한 문제이다. '전면' 7행의 '十二月卄三日甲寅'과 '좌측면'의 '辛酉年'의 간지가 각각 기록되어 있다. '甲寅'과 '辛酉'의 해석에 따라 481년설, 450년설, 421년설 등 다양한 해석과 추정이 진행되어 왔다.

481년 건립설은 '十二月卄三日甲寅'을 480년, '辛酉年'을 481년으로 보아 비

---

39 본 장은 기존에 필자가 발표한 아래의 글들을 재인용하여 정리하였음을 밝혀둔다.
白種伍, 2009, 「南韓內 高句麗 古墳의 檢討」 『高句麗渤海研究』 35, 高句麗渤海學會 ; 2009, 「남한지역 고구려유적 발굴 추이와 과제」 『21세기의 한국고고학』 II, 주류성 ; 2013, 「고구려토기」 『충주 탑평리유적(중원경 추정지) 발굴조사보고서』, 국립중원문화재연구소 ; 2014, 「中原地域 高句麗 遺蹟 遺物의 檢討」 『高句麗渤海研究』 50, 高句麗渤海學會.

의 건립연대를 추정한 것이다. 이 견해는 전면 10행에 나오는 '盖鹵'를 백제 蓋鹵王으로 보아 고구려가 475년 백제 한성을 공략한 이후에 충주지역으로 대표되는 중원지역을 장악하였다는 전제 하에 이루어진 추정으로서[40] 초기의 연구에서는 5세기 후반설 중 가장 넓은 지지를 얻기도 했으나, 고구려 계통의 인명을 가능성 높은 '개로'를 백제 개로왕으로 볼 근거가 미약하고, 고구려가 광개토왕 때에 이미 낙동강 전선에서 신라를 구원하는 군사 활동을 전개하였다는 광개토왕릉비의 내용 등과도 부합되지 않는 내용들로 미루어 볼 때, 현재 그 설득력이 떨어진다고 할 수 있다.[41]

421년 건립 설은 주로 일본인 학자들에 의해 제기되었는데 日干支 '甲寅'을 4~5세기 고구려와 신라의 관계와 광개토왕~장수왕 연간 고구려 태자의 존재 등을 고려하여 403년으로 추정하여 갑인일을 '十二月卅五日'로 판독한 견해이다.[42] 그러나 지나치게 태자 책봉 기사와 연결시켰다거나[43] 450년까지 고구려와 신라가 '修好至歡'이었다는 『三國史記』 눌지왕 34년의 기록[44]과도 연결되지 않는다는 비판[45]을 받고 있다.

고구려비의 450년 건립 설은 고구려와 신라와의 관계, 또는 비문의 내용을

---

40 변태섭, 1979, 「中原高句麗碑의 內容과 年代에 대한 檢討」 『史學志』 13, 단국사학회.

41 정운용, 2005, 「中原高句麗碑 研究의 몇 가지 問題」 『국제고려학회 서울지회 논문집』 6, 국제고려학회, 161~162쪽.

42 木下禮仁, 1981, 『日付干支と年次 -中原高句麗碑の日付干支をぐめぐつて』 『考古學と古代史』.
   木村誠, 2000, 「中原高句麗碑の立碑年に關해서」 『高句麗研究』 10, 고구려연구회.

43 노중국, 2000, 「木村誠 논문 토론문」 『高句麗研究』 10, 고구려연구회.
   정운용, 2005, 「三國關係에서 본 中原高句麗碑의 意味」 『고구려와 동아시아』, 고구려 연구재단, 100쪽.

44 『三國史記』卷3, 新羅本紀3, 訥祇王 34年.
   "秋七月 高句麗邊將獵於悉直之原 何瑟羅城主三直出兵 掩殺之 麗王聞之怒 使來告曰 孤與大王修好至歡也 今出兵 殺我邊將 是何義也 乃興師侵我西邊王卑辭謝之 乃歸."

45 정운용, 2005, 위의 글, 159쪽.

통하여 제기되었는데,[46] 비록 '辛酉年'의 판단은 유보하였으나 甲寅을 449년(장수왕 39)로 추정하였다. 이 판단은 비의 내용이 고구려와 신라의 우호관계라는 시대적 산물임에는 틀림없으나 전면의 1행에 나오는 '如兄如弟'의 표현은 신라를 자신의 朝貢國으로 인식하였던 광개토대왕릉비의 건립 당시와는 그 분위기가 다르다는 것으로, 특히 450년 신라 何瑟羅 성주의 고구려 邊將 살해 사건을 주목한 것이다. 즉, 450년 신라의 하슬라 성주가 悉直에서 사냥하던 고구려 변장을 살해당하자 고구려가 즉각 신라에 대한 보복을 시도하였으나 신라 국왕의 '卑辭謝之'로 사태를 수습하고 회군하는 상황을 기록한 것이다. 그러므로 비문에 새겨진 449년의 기록과 『三國史記』의 기록을 통해 450년 이전 중원지역에 대한 고구려의 절대적 우위라는 힘의 관계가 서서히 변화되고 있었음을 추정해 볼 수 있으며, 이를 인지한 고구려가 신라의 이탈 방지나 이탈 기도를 차단하기 위해 449년에 모종이 조처를 취하였으나 이듬해 7월에 변장 살해 사건이 일어나게 되었던 것이다. 하지만 신라 국왕의 사과로 사건의 해결이 일단락되었고 최종적인 매듭을 위하여 고구려와 신라가 중원 지역에서 만나 약속을 행하고 그 결과물로써 450년에 비를 건립한 것이라 파악되고 있다.

이와 같은 450년설은 2000년 고구려연구회의 새로운 해석문이 제시되면서 여러 논리가 보강되고 있으며, 중원지역에서 확인되는 고구려 유적과 유물의 양상을 통해서도 뒷받침되고 있다.

b. 다음으로 충주 출토 건흥5년명 광배는 제작시기와 관련하여 명문에 병기

---

46 임창순, 1979, 「中原高句麗古碑小考」 『史學志』 13, 단국사학회.
    김정배, 1979, 「中原高句麗碑의 몇 가지 問題點」 『史學志』 13, 단국사학회.
    김창호, 2000, 「中原高句麗碑의 建立 年代」 『高句麗研究』 10, 고구려연구회.
    임기환, 2000, 「中原高句麗碑를 통해 본 高句麗와 新羅의 關係」 『高句麗研究』 10, 고구려연구회.
    박찬흥, 2013, 「중원고구려비의 건립 목적과 신라의 위상」 『한국사학보』 51, 고려사학회.

된 '丙辰'의 해석에 초점이 맞추어져 있다. 대체로 6세기 후반(571년) 설과 6세기 전반(536년) 설로 구분된다.[47] 최근의 연구는 대체로 536년 설에 힘이 실리고 있다.

536년 제작 설은 건흥5년이 재위 5년을 의미한다는 가정 하에 논지를 전개하고 있다. 즉, 병진년과 부합되는 왕은 찾을 수 없는데, 다만 踰年稱元法을 따르게 되면 安原王 5年인 536년에 해당한다는 견해이다.[48] 그러나 건흥5년명 광배에 유년칭원법을 적용할 경우 연가7년명 금동불입상의 연호도 즉위년과 간지가 맞지 않게 된다. 유월칭원법이나 유년칭원법이 일괄적으로 적용되었던 것이 아니라 때에 따라 선택적으로 적용되었다고 할 수도 있겠으나 건흥이라는 연호의 원년을 고찰하여 596년 백제의 작품으로 추론되기도 하였다.[49]

그러나 최근에는 광배에 장식된 화염문과 조상기의 검토를 통해 그 제작연대가 536년일 가능성이 높다는 견해가 제시되었다.[50] 즉, 건흥5년명 광배는 발견 장소가 충북 충주라는 지리적 상황과 고구려의 작품으로 추정되는 불상에서만 보이는 수평선문이 확인되는 점, 백제 작품으로 알려진 현존 유물의 경우 연호 없이 간지만 사용하는 점 등을 고려하면, 이 건흥5년명 광배는 고구려에서 제작한 것으로 추정되며, '釋迦文像'과 '淸信女'라는 명문의 구성과 간단한 두광과 신광의 문양 패턴이 비교적 초기에 해당되는 중국 광배의 형식을 그대로 수용하

---

47 6세기 후반설로는 '황수영 외, 1982,『韓國佛像三百選』, 한국정신문화연구원'이 있으며 6세기 전반설을 주장한 견해로는 '문명대, 2007,「고구려 금동불상과 중국 산동 금동불상 교류」『고구려 불상과 중국 산동 불상』, 동북아역사재단'이 대표적이다. 한편 596년에 제작된 백제 작품일 가능성이 제시되기도 하였다(주수완, 2011,「삼국시대 年號銘 金銅佛像의 제작연대에 관한 연구」『韓國史學報』44, 고려사학회).

48 정운용, 1998,「金石文에 보이는 高句麗의 年號」『韓國史學報』5, 고려사학회.

49 주수완, 2011,「삼국시대 年號銘 金銅佛像의 제작연대에 관한 연구」『韓國史學報』44, 고려사학회.

50 성윤길, 2013,「삼국시대 6세기 금동광배 연구」『美術史學研究』277, 한국미술사학회, 8~10쪽.

고 있는 점 등에서도 6세기 전반경의 고구려 작품이라는 견해이다.

이처럼 충주 노은면에서 출토된 것으로 전해지는 건흥5년명 불상은 6세기 전반경의 충주지역에서 전개된 고구려 문화의 영향관계를 살필 수 있는 유물로서 주목된다.

c. 그리고 충주 탑평리유적에서 출토된 고구려 유물의 특징과 시기에 대해 살펴보고자 한다. 이 유적의 고구려 토기는 모두 22점으로, 기종은 유개배, 뚜껑, 광구완, 접시, 단경호, 대호, 소호, 평저호, 직구옹, 발형토기, 시루, 반 등 12개 기종이 확인되었다.

한강유역 아차산 일대에서 확인되는 세사립의 니질로 표면에 광택이 나고 암문이 시문된 전형적인 고구려 토기와는 다른 형태가 대부분을 차지한다. 전반적으로 가는 사립과 석립이 혼입된 조금 거친 태토를 사용하였고 암문을 시문한 예가 적으며, 표면색은 황갈색보다는 회백색이나 회갈색을 띠고 있는 특징을 보인다. 내면에는 회전물손질흔과 파수 등을 접합하기 위한 지두흔이 쉽게 관찰되는데, 구들에서 출토된 일부 기종에서는 내·외면에 타날흔이 나타나고 있다.

고구려 토기의 출토 지점은 백제 주거지 내부 고구려식 구들과 1구역 고구려 유물포함층 등 2개 지점이다. 구들 출토 고구려 토기는 총 15점으로, 기형이 복원되는 기종은 4점(유개배 1, 뚜껑 2, 광구완 1)이며, 나머지는 기종 추정이 가능한 파편(접시, 단경호, 대호, 대상파수)으로 구성된다.

표면에 타날흔이 관찰되는 기종은 대호편, 소호편, 직구옹편, 발형토기편, 시루 등 여러 개체가 확인되는데, 외면에는 격자문이 타날되었으며 대호의 내면에는 고구려 토기에서 쉽게 볼 수 없는 내박자흔이 관찰되고 있다. 이와 비슷한 사례는 인근 고구려 유적인 충주 두정리유적에서도 확인되는데 2호분 출토 호에서는 외면에 격자문을 타날하고 지운 흔적이 있는 예가 있으며, 경기 북부지역 임진강유역의 연천 은대리성에서 출토된 양이부호에도 유사한 제작수법이 확인되고 있어 비교할 만하다. 몇 개체가 발견된 대상파수편은 시루, 광구장경호, 양이부장동호 등의 손잡이로 추정할 수 있으나 1구역에서 출토된 양이부호의 파편일 가능성이 높은 것으로 판단된다.

1구역 고구려 유물포함층에서 출토된 고구려 토기는 총 7점으로 뚜껑, 반, 대상파수호, 평저호, 단경호 등의 기종이 확인된다. 이 중 평저호의 바닥접합방식은 점토띠를 쌓아올리는 쌓기 방식으로 제작되었다. 뚜껑과 단경호의 색조는 고구려구들 출토품에 비해 황갈색을 띠고, 표면이 마연되어 있어 6세기 이후 고구려 토기와 유사한 제작기법도 관찰된다.

탑평리 유적 출토 고구려 토기의 편년은 양이부호와 대호 등으로 추정해 볼 수 있다. 양이부호는 파주 육계토성 내 주월리 유적과 몽촌토성에서 출토된 광구장경양이호 등과 함께 5세기대 사용된 기종이다. 도면 '남한지역 출토 고구려 토기(양이부호) 비교'에서와 같이 연천 은대리성, 청원 남성골산성, 홍천 역내리·철정리 유적 출토품과 형태가 유사하며 이들 유적은 5세기 중·후반으로 편년된다.

남한지역 출토 고구려 토기(양이부호) 비교

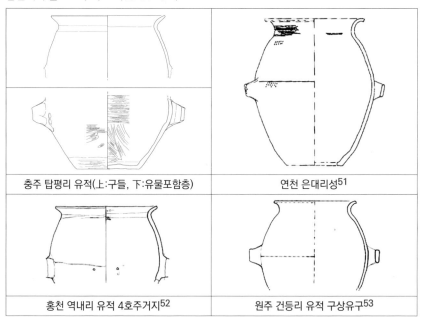

| 충주 탑평리 유적(上:구들, 下:유물포함층) | 연천 은대리성[51] |
| 홍천 역내리 유적 4호주거지[52] | 원주 건등리 유적 구상유구[53] |

남한지역 고구려 토기 문양(중호문+점열문) 비교

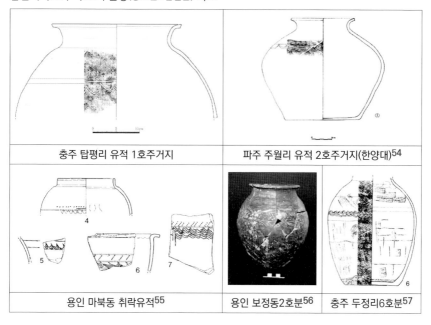

충주 탑평리 유적 1호주거지	파주 주월리 유적 2호주거지(한양대)[54]
용인 마북동 취락유적[55]	용인 보정동2호분[56]	충주 두정리6호분[57]

51 단국대학교 매장문화재연구소, 2004, 『연천 은대리성 지표 및 시 · 발굴조사 보고
    서』, 278쪽.

52 강원문화재연구소, 2005, 『하화계리 · 철정리 · 역내리 유적(I) -국도44호선(구성
    포-어론간)도로 확 · 포장공사구간내 유적발굴조사보고서』, 350쪽.

53 예맥문화재연구원, 2008, 『원주 건등리유적-원주 건등리 아파트신축부지 발굴조사
    보고서』.

54 경기도박물관 · 한양대학교박물관, 1999, 『파주 주월리 유적 -'96 · '97 한양대학교
    조사지역』, 404쪽.

55 경기문화재연구원, 2009, 『용인 마북동 취락유적 -삼막곡~연수원간 도로개설구간
    내 문화유적 시 · 발굴조사 보고서』.

56 한양대학교 문화재연구소, 2009, 『용인 보정동 고분』.

57 중원문화재연구원, 2010, 『충주 두정리유적 -충주 클린에너지파크 조성부지 문화유
    적 발굴조사 보고서』.

또한 대호는 구연부와 동체 일부가 남은 파편으로 동체부에 중호문과 점열문, 횡침선 등이 음각으로 시문되어 있다. 이러한 문양은 파주 주월리유적 출토 구형호, 용인 마북리 취락유적 직구호, 용인 보정동2호분과 화성 청계리1호분 출토 호 등과 유사하며, 충주 두정리6호분에서도 파상문이 시문된 장동호가 확인된 바 있다. 탑평리 대호편은 주월리 유적 출토품과 비교해보면 횡침선 아래에 중호문이 시문된 문양이 거의 동일하며, 마북리나 보정동 출토품과는 문양의 패턴은 유사하나 조금 더 단순한 형태이다. 주월리 유적 출토품은 안악3호분 출토 구형호와의 유사성을 근거로 몽촌토성보다 이른 4세기 후반으로 편년되고 있으며,[58] 용인 마북리 취락유적과 보정리 고분군 고구려 토기는 5세기 중·후반에 비정된다. 탑평리 대호편은 구경이 크고 동최대경이 아래에 있는 세장한 형태로 주월리 구형호에 비해서는 조금 늦고, 마북리·보정동·두정리 출토품에 비해서는 조금 이른 시기로 판단된다.

요컨대 탑평리 유적 출토 고구려 토기는 양이부호의 존재와 대호 동체부에 시문된 문양 등을 근거로 5세기 중엽경에 제작된 것으로 편년할 수 있다.

2) 고구려 유적의 검토

a. 앞 장에서 살펴본 중원지역에서 확인된 고구려 관련 성곽 가운데 축조와 운용의 양상을 구체적으로 파악할 수 있는 유적은 청원 南城谷 산성이다. 이산성은 둘레가 360m 내외로 추정되는 성곽 유적으로 보루의 성격이 강하다. 보루는 안정적인 배후 거점을 두고 전진 배치되는 고구려 관방체계의 특징적인 모습이다. 따라서 남성골 유적은 고구려가 일시적인 군사적 점령과정에서 해당 지역에 자신의 군사력을 담보하기 위해 단기간에 걸쳐 축조한 것으로 이해된다.[59]

이와 관련하여 고구려가 어떠한 경로를 통해 청원지역까지 진출했는가에 대

---

58 최종택, 2006, 「남한지역 고구려 토기의 편년 연구」 『先史와 古代』 24, 한국고대학회, 292~295쪽.

59 정운용, 2013, 「淸原 南城谷 高句麗 山城의 構造와 運用」 『동북아역사논총』 39, 동북아역사재단, 80쪽.

한 해답을 찾는 것은 매우 중요한 문제가 된다. 현재까지의 연구는 고구려가 475년 백제 한성을 공략한 이후 적극적인 남진을 시도한 것에 중심을 두고 있다. 용인 보정동 고분이나 화성 청계리 고분에서 확인된 고구려 계통의 고분 유적은 이를 뒷받침하는 근거가 될 수 있다.

현재까지 확인된 중원지역의 고구려 유적과 유물의 출토 위치가 대체로 남한 강-미호천-금강으로 이어지는 하천 수로와 밀접한 관련이 있음이 확인된다. 즉 원주 건등리 유적은 남한강을 통해 충주의 달천과 연결된다. 충주지역에 포함되는 남한강과 달천 주변에는 장미산성, 두정리 고분, 단월동 고분, 충주 고구려비, 건흥5년명 광배 등이 집중되고 있다. 이러한 충주에서 달천과 합류하는 요도천을 통해 서쪽으로 진출하면 미호천의 상류로서 금제이식이 출토된 회죽리가 있는 음성군 광혜원면 일대로 이어진다. 회죽리에서 미호천을 따라 남쪽으로 내려가면 진천 송두리 유적과 대모산성에 이르게 된다. 이곳은 미호천의 서쪽이자 미호천과 합류하는 백곡천의 북쪽으로 남쪽의 청주와 서쪽의 천안지역으로부터의 방어에 유리한 지리적 이점을 지니고 있다. 청주에 위치한 부모산성은 인접한 미호천과 합류하는 석남천과 미호천이 만나는 지점으로 동서 양방향으로 고립된 지역이다. 남성골유적은 금강과 미호천이 합류하는데 금강 북쪽, 미호천의 동쪽에 해당한다. 월평동 유적은 금강의 남쪽, 갑천의 서쪽 지점이다. 이처럼 중원지역에서 확인되는 고구려 유적은 수계를 따라 남진하는 고구려 입장에서 진출과 방어에 매우 유리한 위치에 입지하고 있는 특징이 확인되므로 주목된다.

b. 다음으로 중원지역에서 확인된 고구려 고분은 충주 두정리 고분과 단월동 고분이 있다.[60]

---

60 남한 내의 고구려 고분의 특징에 대해서는 필자가 이미 검토한 바 있다(백종오, 2009, 앞의 글). 여기에서는 이를 바탕으로 새롭게 추가된 연구 성과를 고려하여 충주지역을 중심으로 살펴보고자 한다.

충주 두정리 고분과 단월동 고분은 달천 가까이에 위치하고 있다. 즉, 두정리 고분은 요도천과 달천, 그리고 남한강 합류하는 곳에서 인접한 달천의 서쪽 지점에 위치한다. 동~서로 흐르던 달천이 남~북 방향으로 전환하는 지점과 합류하는 소하천의 상류에 해당한다. 그리고 단월동 고분은 달천이 동~서로 흐르는 구간의 북쪽에 위치한다. 조금 더 넓은 범위에서 두 고분은 달천을 사이에 두고 마주하고 있다고 할 수 있다.

대체로 남한지역에서 보고된 고구려 고분은 하천을 따라 형성된 교통로와 밀접한 관련을 가지고 있다. 즉 고분을 축조한 고구려 세력이 남쪽의 백제 또는 신라를 염두하였기 때문에 나타난 결과라기보다는 주요 교통로와의 관계에서 주목할 필요가 있다.[61] 고구려는 주요 거점이 되는 지역에 산성이나 보루 등 관방으로 구성된 개별 방어망을 구축하였고 지방행정 조직과 일치하는 군사조직을 통해 정복과정에서 확장한 영토를 지배하였다.[62] 따라서 이동과 적에 대한 대응이 신속하게 이루어질 수 있는 주요 교통로가 거점의 선정에 있어서 중요한 요인이 되었다. 그러므로 충주지역에 진출한 고구려 세력은 달천과 남한강 주변에 형성된 자연 교통로를 중심으로 영향력이 미칠 수 있는 곳에 고분을 축조하였던 것으로 판단된다.

한편, 두정리 고분에서 보이는 밀집현상을 보이게 된 것은 충주지역이 가지는 군사적이고 지리적인 중요성[63]과 철의 생산이라는 요인[64]과 일정부분 관련성을 가지고 있는 것으로 생각된다. 충주는 동쪽으로는 수계를 따라 제천과 단양일

---

61 백종오, 2009, 위의 글, 234쪽.

62 백종오, 2006, 『고구려 남진정책 연구』, 서경문화사, 49~51쪽.

63 양기석, 2002, 「高句麗의 忠州地域 進出과 經營」 『中原文化論叢』 6, 충북대학교 중원문화연구소, 72~81쪽.

64 서영일, 2003, 「한성백제의 남한강수로 개척과 경영」 『문화사학』 20, 한국문화사학회, 23~25쪽.
    김진영, 2007, 「한강유역 신라 석실묘의 구조와 성격」 『先史와 古代』 27, 한국고대학회, 198쪽.

대, 서쪽으로는 안성천 유역과 아산만 일대, 남쪽으로는 계립령, 이화령, 조령 등의 육로를 따라 낙동강 유역의 신라, 금강 유역의 청주와 대전일대로 이어지며, 북쪽으로는 한강유역 등으로의 진출이 매우 용이한 지역이다. 때문에 고구려는 한성 공략이후 남한강 수로 전체를 장악하였고[65] 충주에 진출해서는 고구려비를 세우는 등 적극적인 행보를 취했으며, 주변지역을 관할 할 수 있는 거점성을 통한 관방체계를 갖추었던 것이다.

현재까지 발굴조사된 남한 내의 고구려 고분은 대부분 연도를 갖춘 橫穴式의 구조이다. 경사지인 경우는 기반을 굴착하거나 낮은 곳은 점토를 이용하여 보강한 후 묘역을 조성하고 지상식의 석실을 축조하며, 평지에 가까운 경우에는 토광을 파고 중앙부에 석실을 축조한 다음 빈공간을 흙으로 메우는 半地下式 구조이다. 두정리와 단월동 고분의 경우도 기반암 혹은 퇴적토를 굴착하였으나 대부분의 공간이 지상에 있는 반지하식 혹은 지상식의 형태를 보이고 있다. 연도는 모두 석실로 들어가는 방향으로 볼 때 오른쪽 장벽 모서리 부분에 치우쳐 설치되는 우편연도의 공통점을 보이고 있으며, 연도의 폐쇄는 폐쇄석을 쌓아 출입을 막았다. 이러한 방법은 성남 판교동 고분, 춘천 천전리 고분과 방동리2호분 등에서 보이는 문비석을 활용한 폐쇄와는 차이를 보이며, 용인 보정동 고분과 친연성을 보인다.

석실은 기본적으로 장방형의 평면형태를 띠는데 현실의 크기는 245 × 135cm 내외이며 연도의 폭이 60cm 내외로서 현실의 최대 너비가 현실 길이의 40% 이하이다. 이는 충주지역에서 확인되는 신라 횡혈식 석실들이 대부분 방형의 형태를 보이는 것과 확연히 구분되는 특징이다. 석실 내부에는 성남 판교동 2호분, 용인 보정동 고분, 연천 신답리 1호분, 춘천 천전리 고분, 화성 청계리 고분 등에서 보이는 시상대를 쓰지 않고 두정리 2~6호분에서처럼 불다짐 처리한 후 목관을 사용하였던 것으로 추정되는데, 이와 같은 바닥 소성처리는 석실 중앙부에만 제한적으로 이루어지는 특징을 보이고 있다. 또한 충주지역에 분포하

---

65 서영일, 2006, 「고구려의 백제 공격로 고찰」 『史學志』 38, 단국사학회, 61쪽.

는 신라 고분이 대부분 시상대를 사용하고 있는 것과도 비교가 된다.

　고구려 고분에서 출토되는 고구려 유물은 매우 빈약하다. 두정리 고분과 단월동 고분에 부장된 유물 역시 구형호, 장동호 등 실용기가 위주이다. 이들 출토 상태로 보아 실제 사용했던 것을 그대로 매장한 것으로 생각되는데, 두정리 고분에서는 2호분에서 구형호 1점과 6호분에서 장동호 1점이 출토되었다. 구형호는 구형에서 점차 편구형으로 변화하는데 아차산 시루봉보루에서 편구형이 출토되었기 때문에 이보다는 이른 시기에 제작된 것으로 추정된다. 장동호는 파손품으로 형태상 아차산일원의 보루군 출토품과 유사하지만 동체 상단부에 횡으로 시문된 문양(침선문+파상문)의 형태는 용인 보정리나 화성 청계리 출토품과 유사하다. 그리고 단월동 10호분에서 출토되는 고구려 계통의 토기와 신라 토기가 함께 출토되는 것은, 고분의 축조와 추가장이 이루어지는 사이에 서로 다른 고분 축조집단이 공존 했거나 교체되는 정치적 변동이 있었음을 보여준다고 할 수 있다. 551년 고구려가 이 지역을 상실하고 진흥왕 18년(557)에 國原을 小京으로 삼았고 이듬해에 귀족의 자제와 六部의 백성을 이곳으로 사민시켰다는 『三國史記』의 기록과 관련된 고고학적 증거라고 할 수 있다.

2. 고구려 고고학의 몇 가지 斷想

　이 절에서는 중원지역에서 축적된 고구려 고고학의 성과를 바탕으로 어떻게 고구려 유적과 유물에 접근해야 하는지를 몇 가지 생각을 언급하고자 한다.

　a. 유적의 성격에 대한 다양한 해석과 시각이 필요하다. 유저은 환경이나 입지에 따라 그 형성과정을 달리하게 되며 이에 대한 이해를 바탕으로 조사 및 연구를 진행할 때보다 많은 정보를 획득할 수 있다. 즉 유적 형성에 대한 차이를 감안하여 발굴조사를 실시해야 하며 그 해석 또한 여러 시각에서 검토하여야 할 것이다. 그리고 유적의 층위를 구분할 때 안정된 토층만을 대상으로 삼는 것도 중요하지만, 교란된 층위가 가지는 의미도 함께 파악되어야 한다. 이는 유적 형성과정에서 안정될 수도 있고 교란될 수도 있기 때문이다. 예컨대 발굴조사시 산봉우리의 보루와 강 언저리의 평지성은 동일한 조사방법을 사용하기보다

는 그간의 축적된 경험을 토대로 새로운 조사방법으로 발굴하고 해석할 필요가 있다.

예) 강릉읍성 출토 고구려 수막새, 아차산성 남벽부 출토 고구려 수막새

b. 예전 조사에서 나타나지 않던 새로운 유구와 유물의 사례들이 점차 증가하는데 비해 조사 방법은 예전 방식을 그대로 답습하고 있는 상태이다.

그만큼 고구려 유적과 유물을 이해하는 폭이 좁아질 수밖에 없는 것이다. 한 예로 발굴된 유구나 유물의 자세한 현상 기술과 함께 다른 유적과의 비교가 가능하도록 할 필요성이 있다. 발굴자가 자세한 현상과 비교자료를 제시해 주지 않는다면 보고서를 접하는 독자들은 그내용의 파악에만도 상당한 제약을 받게 된다. 성곽의 경우 성벽과 내부 그리고 외부에 대한 조사는 한지역을 정하여 유구나 출토유물의 상호관계를 찾아본다면 초축이나 수·개축문제는 어느 정도 해소될 것이다.

예) 아차산4보루와 아차산3보루의 연결 능선상 방앗간 시설, 보루 내 하층유구와 이중구조치, 구의동보루 석단 등

c. 기존 발굴보고서와 유물 등에 대한 재검토 작업이 필요하다. 고구려 고고학의 개념이 정립되지 않았을때는 고구려 유물과 유구에 대한 이해가 없어 간과된 경우가 많았으나 점차 발굴 자료가 축적되면서 이해와 인식의 범위가 점차 넓어지게 되었다. 그렇듯이 기존 보고서에 대한 또 다른 발굴작업을 실시하여 좀더 다양하고 새로운 정보들을 밝혀내야 할 것이다. 예를 들면, 파주 육계토성은 1996년과 1997년 두차례 발굴되었는데 당시에 한양대 2호 주거지 출토 광구장경사이호와 광구장경양이옹만을 고구려 유물로 수록하였다. 이후 2006년 3차 발굴보고서를 준비하면서 이전에 출토된 유물을 재정리하는 과정에서 1997년 지표수습토기류, 96-7호 주거지 토기류의 일부가 고구려 토기임을 알게 되었다. 또 포천 반월산성은 1995년부터 2001년까지 모두 6차례에 걸쳐 발굴조사를 진행하였으며 2004년에 종합보고서를 준비하면서 유구와 유물을 다시 분류하였다. 이때 장동호, 니질태토의 호나 암음기법의 동체부편 등이 확인

되었다. 이처럼 발굴보고서에 대한 재검토 작업을 통하여 유구와 유물에 대한 보다 면밀한 검토와 해석이 요구된다고 할 수 있다.

IV. 맺는말

이상에서 충주 고구려비 발견 40주년에 걸맞게 중원지역의 고구려 고고학의 성과와 몇 가지 생각을 정리해 보았다.

중원지역의 고구려 유물과 유적은 충주를 중심으로 집중되고 있으며, 남한강과 금강, 그리고 이 두 강으로 합류하는 지천과 연결되는 교통로 상에 위치하고 있다. 이는 고구려가 5세기 후반이후부터 추진한 남진정책을 통해 세력과 영역을 확장해 나갔던 상황을 보여주고 있으며, 중원문화의 형성에 있어서 고구려의 영향이 미쳤음을 알 수 있게 해준다.

중원지역의 고구려 고고학의 편년은 대체로 5세기 중엽에서 6세기 전반경의 짧은 시기에 해당하는데 고구려의 남한강 수로를 이용한 남진 정책은 커다란 군사적 성과를 가져오는 결과를 낳았다고 할 수 있다. 즉 고구려가 남한강의 교통로를 이용하여 충주지역에 안정적인 배후 거점을 마련하였고 고구려 남진에 있어서 중추적인 역할을 수행할 수 있는 핵심 거점으로 인식하였다고 판단된다. 그 결과 고구려비의 건립 등 적극적인 고구려 고고학의 증거가 남게 된 것으로 풀이된다.

마지막으로, 충주 고구려비 전시관의 일차적인 관리와 운영의 주체인 충주시에 몇 가지 아이디어를 제공하고자 한다. 일반적으로 문화유산 보호와 보존에는 그 문화유산의 진정한 가치를 느끼고 이를 통해 역사교육의 장으로 어떻게 활용할 것인지가 가장 중요한 관건이다. 이에 2013년 제7회 중원문화 학술포럼 『고구려의 재발견』[66]에서 전시관 개선방안을 울진봉평신라비 전시관과 비교하여 그 개편 및 발전 방향에 대하여 다루어 보았다. 그리고 6년이 흐른 지금 어떠

---

66 한국고대학회 · 한국교통대학교 박물관, 2013, 『고구려의 재발견』.

한 변화가 있을까하고 눈여겨보니, 변한 것은 하나도 없다. 몇 가지 아이디어는 몇 가지 아이디어로 끝나는 전시행정이 해당 자치 단체에서 오래전부터 벌어지고 있는 것이다. 시대와 동떨어진 일들이 너무나 되풀이되는 것이 안타깝다. 그렇기에 조금 남은 여운을 되새겨본다. 아래의 문제는 한국사능력검정시험에 출제된 충주 고구려비 관련 중급과 초급 문제이다. 머리말에서 제시한 고급 문제가 어렵다면 맺는말의 중급 문제에 도전해 보고, 그래도 어렵다면 초급 문제를 풀어보길 바란다. 어느 레벨이든 문제 해결 능력이 생긴다면, 그 수준에 맞는 문화재 행정을 기대해 볼 수 있지 않을까 한다. 문화유산의 가치를 소중히 살피는 문화재 행정을 기대한다. 이것이 '충주 고구려비 발견 40주년'이 가지는 의미가 아닌가 한다.

백종오 (한국교통대학교 중원학연구소장)

중급 제 년도 회 한국사능력검정시험 문제지

1

5. 다음 자료에서 설명하고 있는 문화유산으로 옳은 것은? [2점]

- 한반도에 있는 유일한 고구려의 비석이다.
- 5세기 고구려와 신라의 관계를 알려준다.
- 고모루성, 대사자 등 당시의 지명과 관직명도 기록되어 있다.

① 광개토 대왕릉비 ② 북한산 진흥왕 순수비 ③ 사택지적비
④ 중원 고구려비 ⑤ 단양 적성비

4. 지도의 비석을 세운 왕의 업적으로 옳은 것은? [2점]

① 경주에 동시전을 설치하였다.
② 금관가야는 복속해 영토를 확장하였다.
③ 화랑도를 국가적인 조직으로 정비하였다.
④ 군사 조직을 9서당과 10정으로 편성하였다.
⑤ 김흠돌의 난을 진압하여 왕권을 강화하였다.

7. 밑줄 그은 '이 나라'에 대한 설명으로 옳지 않은 것은? [2점]

① 당의 산둥반도를 공격하였다.
② 전성기에 해동성국이라 불렸다.
③ 거란의 침략을 받아 멸망하였다.
④ 2성 6부의 중앙 통치 조직을 정비하였다.
⑤ 5경 15부 62주의 지방 행정 제도를 갖추었다.

5. (가)~(라)에 대한 탐구 활동으로 적절한 것을 〈보기〉에서 고른 것은? [2점]

〈보 기〉
ㄱ. (가) - 벽돌무덤의 양식을 조사한다.
ㄴ. (나) - 신라에 침입한 왜를 격퇴한 내용을 찾아본다.
ㄷ. (다) - 고분 벽화에 나타난 당시의 생활상을 알아본다.
ㄹ. (라) - 성왕이 새로운 수도로 선정한 이유를 확인한다.

① ㄱ, ㄴ ② ㄱ, ㄷ ③ ㄴ, ㄷ ④ ㄴ, ㄹ ⑤ ㄷ, ㄹ

8. 다음 문화유산이 제작된 시기에 볼 수 있는 모습으로 적절한 것은? [2점]

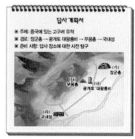

문화 유산 카드
- 명칭: 보령 성주사지 낭혜화상탑비
- 종목: 국보 제8호
- 소재지: 충청남도 보령시
- 소개: 9산선문 중 하나인 성주산문을 개창한 낭혜화상의 공덕을 기리기 위해 만들어졌다. 비석의 글은 최치원이 지었다.

① 청화 백자를 만드는 도공
② 성균관에서 공부하는 학생
③ 선종 사찰을 후원하는 호족
④ 금속 활자로 불경을 인쇄하는 승려
⑤ 청과의 무역으로 부를 축적한 만상

1 / 12

한국사능력검정시험 금석문 관련 출제문항1
(좌우.중급제29회/좌중.좌하.중급제35회/우상.중급제37회/우하.중급제34회)

제 ^{년도} 회 한국사능력검정시험 문제지

4. 다음 문화유산을 남긴 국가를 지도에서 옳게 찾은 것은?
[2점]

① (가) ② (나) ③ (다) ④ (라)

4. 다음 학생이 생각하고 있는 왕이 세운 비석으로 옳지 않은 것은? [3점]

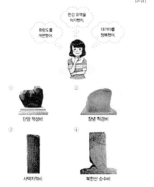

3. 타임머신을 타고 도착한 나라에서 볼 수 있는 모습으로 옳은 것은? [3점]

① 다보탑을 만드는 석공
② 안압지에서 잔치를 벌이는 왕
③ 무령왕릉에 모여 장례 의식을 거행하는 신하
④ 평양으로 천도하기 위해 준비하고 있는 귀족

8. 다음 학습 주제에 대한 학생들의 대화 내용으로 적절한 것은? [3점]

한국사능력검정시험 금석문 관련 출제문항2
(좌우.초급제16회/초하.중급제21회/우상.초급제28회/우하.초급제33회)

제   회 한국사능력검정시험 (초급)

10. 밑줄 그은 '이곳'에서 볼 수 있는 문화유산으로 옳은 것은? [2점]

① 첨성대 ② 광개토 대왕릉비
③ 금산사 ④ 지산동 고분군

8. (가) 나라의 문화유산으로 옳은 것은? [3점]

① 충주 고구려비 ② 양산 통도사 국장생 석표
③ 평창 월정사 팔각 구층 석탑 ④ 논산 관촉사 석조 미륵보살 입상

5. 밑줄 그은 '나'의 업적으로 옳은 것은? [3점]

나는 신라의 제24대 왕으로 백제로부터 한강 유역을 차지한 후 북한산에 순수비를 세우게 하였노라.

① 태학을 설립하였다.
② 8조법으로 백성을 다스렸다.
③ 지방에 22담로를 설치하였다.
④ 화랑도를 국가 조직으로 만들었다.

6. 선생님의 질문에 대한 학생의 대답으로 옳은 것은? [2점]

이 비석은 영락이라는 연호를 사용한 왕의 업적을 기리기 위해 세워졌어요. 이 왕에 대해 말해 볼까요?

① 국호를 남부여로 바꿨어요.
② 신라의 요청으로 왜를 격퇴했어요.
③ 불교를 처음으로 공식 인정했어요.
④ 화랑도를 국가적인 조직으로 정비했어요.

2 8

한국사능력검정시험 금석문 관련 출제문항3
(좌우.초급제37회/좌하.중급제38회/우상.초급제43회/우하.초급제44회)

〈참고문헌〉

1. 원문

『三國史記』

2. 단행본

가락국사적개발연구원, 1992, 『譯註 韓國古代金石文』Ⅰ.
백종오, 2006, 『고구려 남진정책 연구』, 서경문화사.
백태남, 2016, 『韓國史年表』, 다할미디어.
蘂城同好會, 1984, 『中原文化遺蹟圖報』, 蘂城文化 6호 특집호.
장창은, 2014, 『고구려 남방 진출사』, 경인문화사.
정호섭, 2016, 『고구려사와 역사인식』, 새문사.
정호섭, 2017, 『고구려 비문의 비밀』, 살림.
차용걸·백종오, 2011, 『忠州 薔薇山城』, 한국성곽학회·충청북도.
충청북도, 2002, 『통일시대 대비 중원문화권의 위상정립 및 발전계획』.
한국성곽학회, 2019, 『청주의 산성과 부모산성』.
황수영 외, 1982, 『韓國佛像三百選』, 한국정신문화연구원.

3. 논문

강진주, 2007, 「한강유역 신라 토기의 성격」 『先史와 古代』 26, 한국고대학회.
김경호, 2018, 「제천 교통 신라고분 성격 검토」 『단양 신라적성비의 어제와 오늘』, 한국
    교통대학교 박물관.
김길식, 2013, 「청주 부모산성 출토 철제유물의 계통과 점유세력의 변화 추이」 『청주 부
    모산성의 종합적 고찰』, 충북대 박물관.
김병희, 2005, 「淸州 父母山城 出土 百濟 印刻瓦에 대한 硏究」 『先史와 古代』 23, 한국고
    대학회.
김정배, 1979, 「中原高句麗碑의 몇 가지 問題點」 『史學志』 13, 단국사학회.
김진영, 2007, 「한강유역 신라 석실묘의 구조와 성격」 『先史와 古代』 27, 한국고대학회.
김창호, 2000, 「中原高句麗碑의 建立 年代」 『高句麗研究』 10, 고구려연구회.
김정인, 2011, 「충주지역 고구려계 고분과 그 성격」 『중원문화재연구』 5, 중원문화재연
    구원.
김호준, 2018, 「漢城期 百濟 石築山城에 대한 再論議」 『文化史學』 60, 한국문화사학회.

노중국, 2000, 「木村誠 논문 토론문」『高句麗研究』10, 고구려연구회.

木村誠, 2000, 「中原高句麗碑의 立碑年에 관해서」『高句麗研究』10, 고구려연구회.

木下禮仁, 1981, 『日付干支と年次 -中原高句麗碑の日付干支をぐめぐつて」『考古學と古代史』.

문명대, 2007, 「고구려 금동불상과 중국 산동 금동불상 교류」『고구려 불상과 중국 산동 불상』, 동북아역사재단.

박영복·김성명, 1990, 「중부지역 발견 고구려계 귀걸이」『昌山金正基博士華甲記念論叢』.

박찬흥, 2013, 「중원고구려비의 건립 목적과 신라의 위상」『한국사학보』51, 고려사학회.

白種伍, 2009, 「南韓內 高句麗 古墳의 檢討」『高句麗渤海研究』35, 高句麗渤海學會.

_____, 2009, 「남한지역 고구려유적 발굴 추이와 과제」『21세기의 한국고고학』Ⅱ, 주류성.

_____, 2013, 「고구려토기」『충주 탑평리유적(중원경 추정지) 발굴조사보고서』, 국립중원문화재연구소.

_____, 2014, 「中原地域 高句麗 遺蹟 遺物의 檢討」『高句麗渤海研究』50, 高句麗渤海學會.

_____, 2017, 「中國內 고구려산성의 발굴현황과 주요 유구·유물의 검토 -2005년~2016년 발굴조사를 중심으로」『先史와 古代』53, 한국고대학회.

변태섭, 1979, 「中原高句麗碑의 內容과 年代에 대한 檢討」『史學志』13, 단국사학회.

서영일, 2003, 「한성백제의 남한강수로 개척과 경영」『문화사학』20, 한국문화사학회.

_____, 2006, 「고구려의 백제 공격로 고찰」『史學志』38, 단국사학회.

성윤길, 2013, 「삼국시대 6세기 금동광배 연구」『美術史學研究』277, 한국미술사학회.

양기석, 2002, 「高句麗의 忠州地域 進出과 經營」『中原文化論叢』6, 충북대학교 중원문화연구소.

윤성호, 2019, 「5세기 중후반 신라 소지마립간대의 대고구려 관계」『한국학논총』51, 국민대학교 한국학연구소.

_____, 2019, 「남한지역 고구려 관방시설의 연구 성과와 과제」『군사』110, 국방부 군사편찬연구소.

이정빈, 2021, 「고대·중세 음성 망이산성의 역사적 배경과 운용」『중원문화연구』29, 충북대학교 중원문화연구소.

이준성, 2021, 「군사시설 소재 고대 관방유적의 관리·활용 방안」『고조선단군학』45, 고조선단군학회.

임기환, 2000, 「中原高句麗碑를 통해 본 高句麗와 新羅의 關係」『高句麗研究』10, 고구려연구회.

임창순, 1979, 「中原高句麗古碑小考」『史學志』13, 단국사학회.

장준식, 2000, 「中原高句麗碑 附近의 高句麗系 遺蹟·遺物 檢討」『高句麗硏究』10, 고구려연구회.

鄭永鎬, 1979, 「中原高句麗碑의 發見調査와 硏究展望」『史學志』13, 檀國大學校 史學會.

_____, 1996, 「불교문화에 있어서 중원지역 불교유적의 위상」『중원문화국제학술회의』.

정운용, 1989, 「5세기 고구려 세력권의 南限」『사총』35, 고대사학회.

_____, 1998, 「金石文에 보이는 高句麗의 年號」『韓國史學報』5, 고려사학회.

_____, 2005, 「三國關係에서 본 中原高句麗碑의 意味」『고구려와 동아시아』, 고구려연구재단.

_____, 2005, 「中原高句麗碑 硏究의 몇 가지 問題」『국제고려학회 서울지회 논문집』6, 국제고려학회.

_____, 2013, 「淸原 南城谷 高句麗 山城의 構造와 運用」『동북아역사논총』39, 동북아역사재단.

정제규, 2007, 「불교문화를 통해 본 중원문화권의 검토」『충북학』9, 충북발전연구원.

_____, 2012, 「「中原高句麗碑」의 硏究史的 檢討」『中原文物』4, 한국교통대학교 박물관.

정호섭, 2012, 「廣開土王碑의 성격과 5세기 高句麗의 守墓制 改編」『先史와 古代』37, 한국고대학회.

_____, 2014, 「광개토왕비와 집안고구려비의 비교 연구」『한국사연구』167, 한국사연구회.

_____, 2015, 「광개토왕비의 형태와 위치, 비문 구성과 성격에 관한 연구 성과와 과제」『동북아역사논총』49, 동북아역사재단.

주수완, 2011, 「삼국시대 年號銘 金銅佛像의 제작연대에 관한 연구」『韓國史學報』44, 고려사학회.

차용걸, 2013, 「청주 부모산성의 조사 성과와 의의」『청주 부모산성의 종합적 고찰』, 충북대 박물관.

최몽룡, 2014, 「中原文化와 鐵」『고구려와 중원문화』, 주류성출판사.

최종택, 2006, 「남한지역 고구려 토기의 편년 연구」『先史와 古代』24, 한국고대학회.

한국고대학회·한국교통대학교 박물관, 2013, 『고구려의 재발견』.

황보경, 2021, 「3~6세기 삼국의 정세와 도기동산성」『동양학』83, 단국대학교 동양학연구소.

_____, 2014, 「중원지역 삼국시대 유적의 보존현황과 개선방안 연구」『先史와 古代』41, 한국고대학회.

황수영·진홍섭·정영호, 1992, 『韓國佛像三百選』, 한국정신문화연구원.

황용운, 1983, 「중원지구문화의 고고학적 고찰」『중원문화논고집』.

4. 보고서

江原考古文化硏究院, 2016,『江陵邑城-강릉 문화도시 조성사업부지내 유적 발굴조사보고서』.

강원문화재연구소, 2005,『하화계리 · 철정리 · 역내리 유적(Ⅰ)-국도44호선(구성포-어론간)도로 확 · 포장공사구간내 유적발굴조사보고서』.

건국대학교박물관, 1994,『忠州 丹月洞 古墳群 發掘調査報告書』.

경기도박물관 · 한양대학교박물관, 1999,『파주 주월리 유적 -'96 · '97 한양대학교 조사지역』.

경기문화재연구원, 2009,『용인 마북동 취락유적-삼막곡~연수원간 도로개설구간내 문화유적 시 · 발굴조사 보고서』.

국립공주박물관 · 충남대학교박물관, 1999,『大田 月坪洞遺蹟』.

국립중원문화재연구소, 2012,『충주 탑평리유적(중원경 추정지) 시굴조사보고서』.

_____, 2013,『충주 장미산성 시굴조사보고서』.

_____, 2013,『충주 탑평리유적(중원경 추정지) 발굴조사보고서』.

단국대학교 매장문화재연구소, 2004,『연천 은대리성 지표 및 시 · 발굴조사 보고서』.

예맥문화재연구원, 2008,『原州 建登里遺蹟 -원주 건등리 아파트신축부지 발굴조사보고서-』.

중원문화재연구원, 2006,『忠州 薔薇山城 -1次 發掘調査 報告書-』.

_____, 2008,『淸原 南城谷 高句麗遺蹟(2006年度 追加 發掘調査)』.

_____, 2010,『忠州 豆井里 遺蹟』.

충남역사문화연구원, 2011,『도지정문화재 연기 금이성 학술연구』.

충북대학교박물관, 1992,『中原 薔薇山城』.

_____, 2000,『芙蓉 · 淸原I.C.間 道路擴張 및 鋪裝工事區間 文化遺蹟 地表調査 報告書』.

_____, 2004,『淸原 南城谷 高句麗遺蹟』.

충북대학교 호서문화연구소, 1996,『鎭川 大母山城 地表調査 報告書』.

충청문화재연구원, 2003,『大田 月坪洞山城』.

한국고고환경연구소, 2018,『세종 금이성 -1차 시 · 발굴조사 보고서-』.

한국교원대학교박물관, 1992,『중원 탑평리사지 발굴조사보고서』.

_____, 1993,『중원 탑평리 유적 발굴조사보고서』.

한국문화재보호재단, 2005,『鎭川~鎭川Ⅱ · C間 道路擴 · 鋪裝工事 區間內 松斗里遺蹟 發掘調査 報告書』.

한양대학교 문화재연구소, 2009,『용인 보정동 고분』.

05 ——————————————————————————————

충주 고구려비 관련 학술행사의
회고와 정리

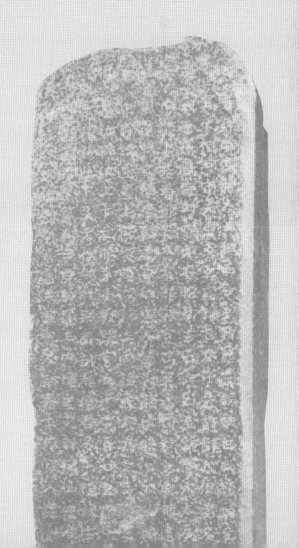

Ⅰ. 머리말

지난 2019년 발견 40주년을 맞이한 충주 고구려비는[01] 현존하는 한반도 유일의 고구려 비석으로 그 역사적 중요성과 가치에 대해서는 재론의 여지가 없다. 1979년 발견 이래 충주 고구려비는 고구려인이 당대에 직접 남긴 자료로서 5세기 무렵 고구려 - 신라 관계와 고구려의 정치체제, 고구려사에서 중원 지역의 중요성 등 많은 부분에 대한 새로운 사실들을 밝혀내는 데 이바지하고 고구려사 연구를 한 단계 성장시키는 밑거름이 되었다. 또한 2013년 지안고구려비 발견 전까지는 광개토왕비와 함께 유이한 고구려 비로서 중국이 동북공정을 통해 고구려사의 자국 편입을 시도할 당시 고구려사가 한국사로 귀속됨을 증명해 주는 중요한 자료 중 하나로 인식되기도 하였다.

이처럼 고구려사 복원에 중요한 역할을 하는 충주 고구려비 연구사에서 수차례 개최된 바 있는 관련 학술행사가 차지하는 중요도와 위상은 매우 높다. 그 중에서 주목되는 것은 비가 발견된 1979년에 행해졌던 학술 조사와 회의, 2000년의 판독회와 국제학술회의와 2019년의 판독회 및 학술회의가 중요한

---

01 충주 고구려비의 명칭은 1979년 발견 당시 기초지역단체명인 중원군에서 따라 '중원고구려비'로 불렸다. 하지만 1995년 도농 통합에 의해 충주시와 중원군이 합쳐져 통합 충주시로 재편되어 중원이라는 지명이 사라지게 되었다. 따라서 '발견 지역명에 의거해 붙이는' 문화재 명명 원칙에 따라 개정의 필요성이 대두되어 문화재청의 문화재 지정명칭 일제 정비 사업에 따라 2010년 12월 27일 '충주 고구려비'로 바뀌게 되었다.

위상을 차지하고 있다. 각각 발견 당해, 20주년, 40주년을 기념하여 개최된 것이다. 대규모로 치러졌던 이들 행사는 충주 고구려비 연구에 있어 질적으로나 양적으로 큰 비중을 차지하고 있다. 이에 대한 정리는 사학사적으로도 의미가 있다고 생각된다. 그러므로 본고는 그동안 비의 연구를 위해 행해졌던 학계의 다양한 노력들을 학술행사를 중심으로 회고하고 그 성과와 의의에 대해 간단히 살펴보고자 한다.[02]

II. 1979년 충주 고구려비 발견 조사와 '中原高句麗碑學術會議'의 회고와 정리

주지하다시피 충주 고구려비는 1979년 4월 5일 예성동호회(현 예성문화연구회)의 제보로 당시 충청북도 중원군 가금면(현 충주시 중앙탑면)의 입석마을 입구에서 발견되었다. 제보 후 단국대학교 사학과는 정영호 교수 등을 중심으로 공식 조사를 실시하였고, 1979년 4월 5일 충주 고구려비의 발견 후부터 당해 6월 1일까지 공식적으로 7차에 걸쳐 비문에 대한 조사가 진행되었다.[03]

7차례 조사 중 가장 큰 규모는 제3차 조사로 알려진 4월 22일에 행해진 작업이었는데, 이때 역사학, 금석학, 고고학, 미술사학 등 관련 학문 분야를 총망라해 학계의 원로 석학들이 대거 참여하여 충주 고구려비의 구성과 판독 등에 대

---

02 충주 고구려비 연구에 대한 체계적 정리는 장창은에 의해 두 차례에 걸쳐 이루어졌다(장창은, 2006, 「중원고구려비의 연구동향과 주요 쟁점」『역사학보』 189: 2013, 「충주 고구려비 연구의 최근동향」『제7회 중원문화학술포럼 -고구려의 재발견-』, 한국고대학회·한국교통대학교 박물관; 2014, 『고구려 남방 진출사』, 경인문화사). 따라서 본고는 충주 고구려비에 대한 연구사 정리 자체보다는 그와 관련해 개최된 학술행사에 중점을 두어 정리를 해 보고자 한다.

03 이에 대한 보고는 '정영호, 1979, 「중원고구려비의 발견 조사와 연구전망」『사학지』 13, 단국대학교 사학회; 2000, 「중원고구려비의 발견조사와 의의」『고구려연구』 10, 학연문화사'에 자세히 소개되어 있다.

해 많은 성과를 얻을 수 있었다.[04] 당시 조사를 통해 밝힌 성과는 크게 네 가지이다. 첫째 충주 고구려비가 4면비이며, 둘째 비문에 이두문이 사용된 것이 확인되었고, 셋째 비문 중 고려대왕조왕은 장수왕과 문자왕의 관계로서 비의 건립시기를 추정할 수 있었으며, 넷째 비문 내용 구성에 있어 전반부는 고구려 - 신라가 和好하였던 관계임을 서술하다가 말미에는 양국의 관계가 나빠져 백제 개로왕과 신라가 공모해 고구려에 대항하는 내용이라는 사실을 밝힌 것으로 확인된다.[05] 이후 행해진 조사들에서도 추가적인 성과가 나오기도 하였지만 충주 고구려비에 대한 기본적 이해의 틀은 3차 조사의 결과로 만들어진 보아도 무방하겠다.

비문에 대한 기초적인 조사가 끝나자 동년 6월 9일 조사에 참여하였던 국내의 저명한 고대사 연구자들을 중심으로 '中原高句麗碑學術會議'를 개최하여 비에 대한 심도 있는 논의를 진행하였다.[06] 당시 발표자와 주제는 다음과 같다.[07]

---

04 제3차 조사에는 단국대 사학과 교수들을 비롯하여 이병도(학술원 회장), 이선근(문화재위원장), 신석호(전 국사편찬위원장), 최영희(국사편찬위원장), 이기백(서강대 교수), 변태섭(서울대 교수), 김철준(서울대 교수), 윤병석(인하대 교수), 정형우(연세대 교수), 박노춘(경희대 교수), 황수영(동국대 박물관장), 임창순(태동고전연구소장) 등 관련 학계의 권위자들이 대거 참여하였다(정영호, 1979, 앞의 논문, 13쪽).

05 물론 이후 비문에 대한 본격적인 연구가 전척되면서 비문에 백제와의 관계 기재되었다는 사실에 대해서는 회의적인 견해들이 제출되는 등 반박도 있었지만, 제3차 조사를 통해 충주 고구려비에 대한 개념이 큰 틀에서 정립되었음은 분명하다.

06 이 학술회의의 결과는 『史學志』13(1979, 중원고구려비 특집호), 단국대학교 사학회에 실렸다.

07 학술회의 발표자는 정영호, 이병도, 이기백, 변태섭, 임창순 5인이었고, 김철준, 김정기, 김광수, 김정배, 신형식, 이호영, 장광호, 진홍섭, 최영희, 황수영 등이 참석하였다(「중원고구려비 학술좌담회록」, 105쪽). 발표자 전원과 참석자 중 신형식, 김정배, 이호영 3인은 해당 학술회의의 결과물인 『사학지』13(중원고구려비 특집호)에 자신들의 견해를 담은 논문을 투고하였다.

'中原高句麗碑學術會議'의 결과로 간행된 연구성과

연번	발표자(소속)	발표 주제	비고
1	정영호(단국대)	중원고구려비의 발견조사와 연구전망	현장 발표
2	이병도(서울대)	중원고구려비에 대하여	
3	이기백(서강대)	중원고구려비의 몇 가지 문제	
4	변태섭(서울대)	중원고구려비의 내용과 연대에 대한 검토	
5	임창순(태동고전연구소)	중원고구려비비소고	
6	신형식(이화여대)	중원고구려비에 대한 고찰	학술지 투고
7	김정배(고려대)	중원고구려비의 몇가지 문제점	
8	이호영(단국대)	중원고구려 제액의 신독(新讀)	

비의 존재에 대한 제보 후 첫 공식 조사자이자 단국대학교 사학과가 중심이 된 조사단의 실질적 책임자였던 정영호는 발견조사 경위, 立石의 유래와 보존, 비문의 판독 조사 과정, 석비의 형태, 석비 위치의 역사지리적 고찰, 향후의 연구 전망 등에 대해 상세히 보고하였다.[08]

이병도는[09] 비의 입지가 남한강 유역과 영남 지역을 연결하는 교통 요지이며, 고구려의 남쪽 경계에 해당되는 지역임을 역설하고, 형식적으로는 4면비라고 보았다. 그리고 建興을 장수왕의 연호로 파악해 비문에 보이는 간지 乙卯를 건 흥 4년(장수왕 63)으로 비정하고 祖王을 장수왕으로, 고려대왕은 문자왕이라 보 고 그 초년에 비를 건립한 것이라고 분석하였다.

다만 그는 비문의 내용 구성에 있어 제1면과 2면은 조왕(장수왕)에 관한 이야 기이며, 제3면과 4면(3면비일 경우는 4면)은 문자왕대의 내용일 것으로 추정하기 도 하였다.

이기백은[10] 주로 충주 고구려비의 구조와 구성에 대하여 분석하였다. 그는 비

---

08 정영호, 1979, 앞의 논문.

09 이병도, 1979, 「중원고구려비에 대하여」 『사학지』 13, 단국대학교 사학회.

10 이기백, 1979, 「중원고구려비의 몇 가지 문제」 『사학지』 13, 단국대학교 사학회.

의 건립 시기를 광개토왕비와 크게 떨어지지 않은 어느 시점으로 추정하며, 비의 형태와 구조도 그와 유사하리라고 보았다. 충주비 역시 광개토왕비와 마찬가지로 4면비이며, 제1면은 가장 넓고 글자가 많은 前面이 아니라 그 後面일 가능성이 높다고 보았다. 그 이유로 전면이 바로 '五月中'으로 시작하고 있어 비의 첫 시작 부분이라 보기는 어색하다는 점과 광개토왕비 역시 가장 넓은 부분이 제1면이 아니라 3면이라는 점 등을 들었다.

만약 우측면이 제1면, 전면이 제2면, 좌측면이 제3면으로 비문은 여기서 끝이 나며, 후면은 제4면으로 追記한 부분일 가능성이 크다는 견해를 제출하였다. 혹은 후면이 제1면이 된다면 우측면이 제2면, 전면이 제3면, 좌측면이 제4면이 될 수 있으며, 그 가능성이 가장 큰 것으로 보았다. 이를 근거로 전체 비문은 제1면 9행, 제2면 6행, 제3면 10행, 제4면 7행으로 도합 32행이며, 각 행마다 23자가 새겨져 총 730자가 새겨져 있었을 것으로 추정하였다.

그는 비문의 내용이 주로 고구려와 신라 관계를 다루고 있고, 여러 가지 표현과 '新羅土內幢主' 등을 근거로 당시 고구려와 신라가 상하 관계를 이루고 있었던 상황을 묘사한 것이라고 해석하여 장수왕을 전후한 시대의 역사적 사실을 전하는 것이라고 하였다.

변태섭은[11] 비문의 내용과 연대에 대한 검토를 진행하였다. 우선 그는 비의 시작면을 前面으로 잡았다. 그는 해당 면이 비록 연간지가 없지만 '五月中高麗大王相王公□新羅寐錦世世……'와 같은 主文의 문장으로 시작되기 때문에 충분히 본문의 시작으로 볼 수 있다고 주장하였다.

비문의 내용에 대해서는 크게 다섯 부분으로 구성된다고 보았는데, ① 5월에 고려대왕이 王公과 함께 신라매금을 만나 世世爲和하기 위하여 중원 지역으로 왔으나 신라매금이 오지 않아 실행되지 못함. ② 그래서 고려대왕은 태자공과 전부 대사자 다우환노로 하여금 우벌성 부근에 있는 궤영에 머물러 다시 신라

---

11 변태섭, 1979, 「중원고구려비의 내용과 연대에 대한 검토」 『사학지』 13, 단국대학교 사학회.

매금을 만나게 함. ③ 이들은 신라매금에게 의복을 하사함. ④ 12월 23일 신라매금이 그 신하와 함께 우벌성에 와 신라토내 衆人을 환급받고 다우환노를 만남. ⑤ 이듬해인 신유년에 이 지역이 고려대왕의 영토가 되었으므로 그 표시와 기념으로 비를 건립함 등으로 이해하였다.

그는 비의 건립 연대에 대해서 비문에 보이는 간지 중 신유년을 주목하고, 고구려와 신라의 관계가 비문의 내용과 가까운 장수왕대인 421년과 481년을 후보로 꼽았다. 그 중에서도 481년이 유력하다고 보았다. 그 이유로 첫째 비문에 보이는 '盖盧'를 백제 개로왕으로 간주한다면 그 재위 시기가 장수왕 43~63년이므로 당연히 그 이후인 481년(장수왕 69)이 해당될 것이라고 하였다. 그리고 비문에 보이는 '十二月卄三日甲寅' 역시 단서가 되는데, 12월 23일에 신라매금이 우벌성에 왔고, 그 이듬해 신유년에 비를 세웠으니 12월 23일이 갑인이고 다음 해가 신유년인 해는 480년밖에 없으므로 비가 건립된 신유년은 당연히 481년이 된다는 논리이다.

임창순은[12] 충주 고구려비가 광개토왕비와 동일한 4면비이며, 후면이 제1면이었던 것으로 추정하였다. 서체는 기본적으로 광개토왕비와 유사하나, 광개토왕비가 楷書로 변해가는 隸書인 반면 충주비는 그 書法을 통해 볼 때 隸意를 간직한 楷書體라고 하였다. 그리고 비문에 보이는 고구려 - 신라 관계와 '十二月卄三日甲寅'이라는 간지를 근거로 충주 고구려비는 449년 무렵의 사건을 기록한 것이라고 추정하였다. 따라서 건립 연대 역시 해당 시기로 비정할 수 있음을 피력하였다.

신형식은[13] 충주 고구려비를 통해 고구려 관제, 순수제, 고구려 - 신라 관계, 중원 지역의 지리적 중요성 등을 분석하였다. 우선 비문에 보이는 고구려 관명을 근거로 기존 6세기경으로 추정하였던 사자계와 형계 관등의 분화가 이미 5세기대에 이루어졌음을 확인할 수 있다고 하였고, 그와 함께 5세기 무렵 고구려

---

12 임창순, 1979, 「중원고구려고비 小考」 『사학지』 13, 단국대학교 사학회.

13 신형식, 1979, 「중원고구려비에 대한 고찰」 『사학지』 13, 단국대학교 사학회.

는 9관등제에서 12관등제로 확대된다고 보았다.

그리고 고구려의 대 신라 관계 역시 신라에 대한 고구려의 지배가 기존 문헌보다 훨씬 장기간 동안 진행되었음이 확인된다고 하였다. 그는 나물왕 37년(392) 實聖이 볼모로 고구려에 보내지고, 영락 10년(400, 나물왕 45년) 신라에 고구려군이 주둔하면서 신라는 실질적인 고구려의 속국화하였으며, 이러한 종속 관계는 慈悲王 7년(464) 고구려군의 축출 이전까지 지속되었다고 분석하였다. 다만 464년의 고구려군 축출도 신라 왕경 주둔군에 국한된 것으로, 고구려군은 481년까지 중원 일대에 지속적으로 주둔하고 반 세기 이상 이 일대를 영역화하고 있었다고 이해하고 있다.

김정배는[14] 비의 형태, 내용 등에 대해 간략히 정리하였고, 비문에 보이는 '新羅土內幢主'의 존재에 주목하여 이것은 당시 신라 영토 내에 고구려군이 주둔한 것이므로 고구려와 신라의 관계가 실질적으로 주종 관계였음을 보여주는 증거라고 지적하였다. 이는 비문에서 확인되는 바와 같이 고구려가 신라매금 및 지배층에 의복을 사여한 것으로도 방증된다고 보았다.

그가 비문을 검토하고 제기한 주장 중 한 가지 더 흥미로운 점은 '盖盧'를 백제 蓋鹵王으로 간주하는 주장에 회의론을 제기하였다는 것이다. 그는 광개토왕 비문에서 백제 왕을 殘主로 묘사한 점, 신라의 군주를 매금이라는 호칭으로 비하하고 있는 점, 당시 고구려와 백제의 관계가 매우 적대적이었다는 점 등을 근거로 적성 국가의 국왕인 개로왕을 '개로'라는 정상적 호칭으로 기록하였을까 하는 점에 대해서 의문을 제기하였다.

비의 건립 시기에 대해서는 '十二月廿三日甲寅'이 나오는 연도들 중 당시 국제 관계와 비문이 전하는 정황 등을 고려해 볼 때 449년이 가장 유력하다고 보았다.

그리고 충주 고구려비의 내용 구성에 대해서도 분석 결과도 피력하였다. 충주비 역시 광개토왕비와 마찬가지로 비문의 내용이 크게 세 부분으로 구성되어 있었을 것으로 추론하였다. 첫째는 '五月中'으로 시작되는 비문의 이전에 고구려

---

14 김정배, 1979, 「중원고구려비의 몇가지 문제점」 『사학지』 13, 단국대학교 사학회.

건국이나 당대 왕에 관한 사실을 적기하고 있었을 것이라고 추정하였다. 두 번째는 고구려와 신라의 관계에 대한 부분으로 현존하는 비문 내용을 통해 확인이 가능하다. 마지막 세 번째는 백제와의 관계에 대한 기록이 측면에 존재하였을 가능성이 있다고 추정하였다. 해당 비면에 백제의 성인 '古牟婁城'이 보임을 그 근거로 제시하였다. 이러한 그의 주장과 해석은 다소 무리한 추론으로 생각되는 부분도 있지만 단순히 비문의 자구나 형태 등에만 천착하지 않고 큰 틀에서 해석과 의미를 찾아보려는 노력으로 당시로서는 상당히 유의미한 시도였다고 여겨진다.

이호영은[15] 비문을 분석하면서 '盖盧'의 실체에 대해 고구려 관리로 추정하였다. '盧'자는 고구려, 부여계 인명에 흔히 붙는 글자이므로 이를 반드시 백제의 개로왕으로 이해할 필요는 없다는 주장이다. 그는 특히 제액의 판독에 집중하여 비에 '□熙七年歲辛□□'이라는 8자가 새겨져 있다고 하였다. 여기서 □熙는 장수왕이 재위 63년에 개원한 연호이며, 그 7년은 장수왕 69년(481)에 해당하므로 그때 비가 세워진 것으로 추정하였다.

충주 고구려비가 공식적으로 조사된 해인 1979년 학술회의의 성과물은 아무래도 비문 연구의 초기이고 연구 성과 역시 아직 축적되지 않은 상황이므로 대체로 그 내용이 간결하고 다소 고졸한 측면도 있다.

하지만 한반도 최초의 고구려 비석 발견이라는 중대한 역사적 사건을 맞이해 당대 최고의 석학들이 모여 집중적으로 분석한 만큼, 충주 고구려비를 둘러싸고 현재까지도 논의되고 있는 여러 해석과 주장들이 거의 다 제기되었다고 해도 과언이 아니다. 당시의 조사와 학술회의를 거치며 제시된 석문들은 지금까지도 비문 연구를 위한 기본 텍스트로 활용되고 있으며,[16] 아울러 학술회의 석상에서 제기된 비의 건립 연대와 목적, 등장인물, 지명, 관명, 중원 지역의 역사지리적 중요성 등에 대한 다양한 주장들 역시 이후 전개되는 충주 고구려비 관련 연구

---

15 이호영, 1979, 「중원고구려비 제액의 新讀」 『사학지』 13, 단국대학교 사학회.
16 당시 비문 전체에 대한 석문은 정영호, 이병도, 임창순 각각 제시하였다.

의 기반이 되었다. 이것이 충주 고구려비 발견 당해인 1979년에 행해졌던 일련의 학술활동의 가장 큰 의의와 성과가 아닐까 한다.

III. 2000년 개최 충주 고구려비 발견 20주년 학술행사의 회고와 정리

1. '中原高句麗碑 新釋文 國際 워크샵'의 회고와 정리

충주 고구려비 발견 20주년을 갓 넘긴 2000년에는 비와 관련한 중요한 학술행사들이 두 차례 개최되었다. 먼저 2월 22일~2월 26일까지 열렸던 '중원문화 정립을 위한 中原高句麗碑 新釋文 國際 워크샵'부터 살펴보기로 하자. 해당 학술 행사는 충주 고구려비 제보 단체인 예성문화연구회가 주최하고 고구려연구회(현 고구려발해학회)가 주관하는 형태였다. 당시 학술행사에는 한국은 물론 중국, 일본 등에서 온 학자 40여 명이 참석하여 4박 5일간의 비문 조사 및 판독회를 가졌다. 최초의 탁본을 비롯해 최신 탁본까지 수합해 컴퓨터에 입력하여 비교 검토하는 과정을 거치며 당시로서 최신의 과학기술 이용하여 비문을 분석하였다. 주요 성과는 다음과 같다.[17]

첫 번째는 발견 당시부터 논란이 되었던 충주 고구려비의 刻字 면수가 4면임을 확인한 것이다. 우측면에서 '前部大兄'이라는 고구려 관등을 확인하였고, 후면에도 글자 흔적이 확인되고 '巡'과 유사한 글자를 판독할 수 있었으므로 4면비로 확정할 수 있었다고 한다.

두 번째는 題額의 존재에 대해서이다. 비 전면의 맨 상단에 '年'자를 확인함으로써 제액이 있다는 것에 조사단의 의견이 합치되었다고 한다. 하지만 충주 고구려비 제액의 존재에 대해서는 여전히 논란이 되고 있다.

---

17 해당 판독회의 실시 경과와 성과 등에 대해서는 서길수, 2000, 「중원고구려비 신석문 국제워크샵과 국제학술대회」 『고구려연구』 10(중원고구려비 연구), 학연문화사, 129~150쪽.

세 번째로 워크샵의 목적이자 가장 큰 성과로서 19자의 글자를 새로 읽어낼 수 있었고, 그동안 논란이 되던 글자 중 6자를 석문 위원 전원 합의로 확정할 수 있었다고 한다. 다음과 같다.

'中原高句麗碑 新釋文 國際 워크샵'에서 새로 판독한 글자

비 면	행, 열		글자	구분
전 면	10행	20열	跓	새로 판독한 글자 중 전원 합의로 확정한 글자
좌측면	2행	9열	刺	
		21열	刺	
	4행	13열	黃	
	5행	11열	右	
	6행	16열	太	
우측면	1행	10열	前	
		11열	部	
		13열	兄	
	2행	21열	部	
	5행	2열	守	
전 면	10행	2열	疎	새로 읽어 추정한 글자
좌측면	1행	4열	忠	
	6행	9열	故	
	7행	3열	去	
우측면	1행	12열	大	
	2행	17열	泊	
	3행	10열	容	
	3행	5열	自	
전 면	1행	10열	令	논란이 되어왔던 글자 중 전원 합의로 결정한 글자
	2행	4열	和	
	3행	4열	貴	
	4행	1열	向	
		14열	東	
		15열	夷	

5일간의 판독 조사 과정이 끝나고 2월 26일 오전 석문에 대한 발표회가 열렸는데, 정영호(중원고구려비 발견과정과 의의), 신형식(중원고구려비와 중원문화권), 朴眞奭(중국에서 중원고구려비의 연구), 시노하라 히로가타(일본에서 중원고구려비의 연구), 서길수(신석문 발표)가 주제 발표를 하였다.

'中原高句麗碑 新釋文 國際 워크샵'은 발견 20주년이 지난 충주 고구려비 연구에 새로운 활력을 불어넣고 관련성과가 한 단계 더 도약할 수 있는 자양분이 되었다. 해당 행사는 특히 같은 해 하반기에 개최된 국제 학술회의에서 한, 중, 일 고구려 연구자들이 충주 고구려비에 대해 더욱 풍성한 연구성과를 제출하는 기반으로 작용하였다. 더욱 이에 대해서는 장을 달리해 검토해 보도록 하겠다.

2. '中原高句麗碑 國際 學術會議'의 회고와 정리

2000년 2월 대규모 판독회를 갖고 새롭게 석문한 충주 고구려비를 재조명하기 위한 국제학술대회가 같은 해 10월 13, 14일 양일간 개최되었다. 주제는 '中原高句麗碑 新照明'으로 잡았다. 해당 학술회의는 고구려연구회(현 고구려발해학회)가 주최한 6번째 고구려국제학술대회로서, 참가자와 발표 세부 주제는 다음과 같다.[18]

'中原高句麗碑 國際 學術會議'의 결과로 간행된 연구성과

연번	발표자(소속)	발표주제	구분
1	정영호(교원대)	중원고구려비의 발견과정과 의의	기조강연
2	서길수(서경대)	중원고구려비 신석문(2000년 2월 6일) 결과 발표	
3	이도학(한국전통문화대)	중원고구려비의 건립 목적	연구발표
4	木村 誠(日本 東京道立大)	중원고구려비의 건립연대에 대하여(1)	
5	朴眞奭(中國 延邊大)	중원고구려비의 건립연대 고증(2)	
6	김창호(경주대)	중원고구려비의 건립연대에 대하여(3)	

---

18 이 학술회의의 결과는 '고구려연구회, 2000, 『고구려연구(중원고구려비 연구)』 10, 학연문화사'에 수록되었다.

연번	발표자(소속)	발표주제	구분
7	남풍현(단국대)	중원고구려비문의 해독과 이두적 성격	
8	李殿福(中國 瀋陽東亞中心)	중원고구려비를 통해서 본 고구려 국명의 변천	
9	임기환(서울교대)	중원고구려비에 나타난 고구려와 신라의 관계	
10	이용현(고려대)	중원고구려비와 신라 비와의 비교	
11	서영일(경원대)	중원고구려비에 나타난 고구려 성과 방어체계	
12	耿鐵華(中國 通化師範大)	중원고구려비와 모두루 묘지의 비교	
13	김양동(계명대)	중원고구려비와 고구려 금석문의 서체에 대하여	
14	장준식(충청대)	중원고구려비 부근의 고구려 유적과 유물	

신석문 판독회가 끝난 지 7개월 여의 시간이 흐른 뒤 개최된 국제학술대회는 새로운 결과물이 국내외 연구자들에게 어떠한 영향을 미쳤고 그를 토대로 어떠한 연구 성과를 낳았는지에 대한 중간 점검적 성격이 강한 것이었다. 위의 표에서 확인되듯이 학술대회에서는 한, 중, 일 삼국의 역사, 고문헌 연구들이 모여 충주 고구려비를 둘러싼 제반 사항들을 종합적이고 심도있는 고찰이 진행되었다.

이날 기조강연에 나선 정영호와[19] 서길수는[20] 각각 1979년 충주 고구려비의 발견 조사과정과 그 의의, 2월에 개최된 판독회 결과에 대한 결산을 주제 발표하였다. 그리고 개별 연구 결과 발표가 이어졌다.

이도학은[21] 비문에 보이는 '十二月 卄三日 甲寅'이라는 간지에 주목하여 이에 해당하는 해를 449년(장수왕 37)과 480년(장수왕 68)로 추리고 당시의 고구려, 신라의 관계에 대해 분석해 건립 연대를 450년으로 추정하였다. 그리고 '祖王令'에 대한 새로운 해석을 시도하면서 고려태왕을 장수왕으로 비정하면서도 祖王은 그의 조부가 아니라 祖上王인 소수림왕으로 지목하였다. 율령 반포에 주안점을

---

19 정영호, 2000, 「중원고구려비의 발견조사(1979년)와 의의」『고구려연구』 10, 학연문화사.

20 서길수, 2000, 「중원고구려비 신석문 국제워크샵과 국제학술대회(2000년)」『고구려연구』 10, 학연문화사.

21 이도학, 2000, 「중원고구려비의 건립 목적」『고구려연구』 10, 학연문화사.

둔 것이다. 비문에 보이는 祖王의 실체에 대해 율령과 연계해 소수림왕으로 추정한 것은 상당히 신선한 발상으로 생각된다. 하지만 율령을 반포한 '조상왕'을 굳이 '조왕'으로 표현하였을 지에 대해서는 여전히 의문이 남는다.

그리고 비의 건립 목적과 배경은 나제동맹의 해체를 위한 신라에 대한 회유와 포섭이었다고 주장하였다. 그 근거로 비문의 내용이 전쟁이나 투쟁 관련 기사가 아니라 주로 '賜'와 관련된 것임을 들었다. 즉 고구려가 신라와 연계해 숙적인 백제를 고립시키기 위한 활동을 전개하였고 그 상징과 증거로서 비를 건립하였다고 이해한 것이다.

木村 誠는[22] 충주 고구려비의 입비 시기에 대해 논하며 기존에 제시되지 않았던 새로운 주장을 펼쳤다. 그는 비의 건립 시기는 장수왕대가 아니라 그 전후인 광개토왕 혹은 문자왕대일 가능성이 높다고 주장하였다. 그 근거로 충주 고구려비문에는 태자의 존재가 분명히 확인되는데, 삼국사기에 의하면 장수왕대에는 태자 책봉 기사가 확인되지 않고, 광개토, 문자왕대에는 태자 책봉 기사가 확인되기 때문이라고 하였다. 하지만 광개토왕과 문자왕의 재위 시기는 약 1세기 이상 차이가 나므로, 비문의 내용상 입비 연대는 광개토왕대로 보는 것이 더욱 적절하다고 주장하였다.

그는 비문에 보이는 '十二月 卄三日 甲寅'으로는 해당 시기에 적당한 연대를 찾을 수 없으므로 '十二月 卄三日 甲寅'을 '十一月 卄三日 甲寅'의 오기로 파악하였다. 덕흥리묵서명의 日干支처럼 1日이 어긋나 있다고 전제한 것에 기반한 것이다. 그렇다면 해당 연도는 408년이므로, 그것이 비가 세워진 해가 된다고 하였다. 그는 삼국사기 광개토왕 본기에 의하면 태자 책봉 기사는 409년에 해당하지만 이는 편년상의 오류로[23] 보정하였을 때 408년을 비의 건립 연대로 설정

---

22 木村 誠, 2000, 「중원고구려비의 입비년에 관해서」『고구려연구』10, 학연문화사.

23 『삼국사기』고구려본기 광개토왕조의 기록은 「광개토왕비문」과 비교했을 때 편년 오차가 있다는 주장은 이미 제기된 바가 있다(武田幸男, 1989, 「『三國史記』廣開土王 本紀の國際關係」『高句麗史と東アジア』, 岩波書店(東京)).

할 수 있다고 주장하였다.

　이러한 그의 주장은 두 가지 문제점을 내포하고 있는데, 첫째 기본적으로 비문의 오기를 전제하고 논지를 전개하고 있다는 점이다. 비문에 오류가 없었을 것이라고 단언할 수는 없지만 비문의 誤記에 대한 합리적인 추론이나 근거 제시 없이 일간지가 잘못 표기되었다고 주장하는 것은 아무래도 견강부회식 해석이라는 느낌을 지울 수가 없다. 둘째는 비문의 전체적 맥락을 구조적으로 파악하지 않고 '太子'라는 용어에만 천착해서 이를 매개로 연대 비정을 시정하였다는 점이다. 이는 장수왕대에 태자 책봉이 없었음을 전제로 한 것인데, 『삼국사기』 고구려본기 장수왕조에 태자 책봉 기사가 보이지 않는다고 해서 그러한 사실 자체가 없었다고 간주하는 것은 지나친 논리 비약이 아닐까 한다.[24]

　朴眞奭은[25] 비의 좌측면 3행에 보이는 辛酉를 근거로 비의 건립 연대를 장수왕 69년 신유년, 즉 481년으로 보았다. 그는 이것을 비문에 보이는 '高麗'라는 국호가 『宋書』에서부터 본격적으로 등장하는 것에 착안해 비가 劉宋이 건국된 420년 이후의 어느 시점에 세워졌으며, 거기서 신유년에 부합하는 것은 481년이므로 이때가 비의 건립 연대가 된다는 주장이다. 또한 당시의 고구려 - 신라 관계가 비문의 내용과 부합한다는 것도 중요한 근거로 삼았다.

　그가 제시한 견해 중 한 가지 더 주목되는 것은 '高麗大(太)王祖王'을 별개의 인물로 보지 않고 모두 장수왕으로 비정한 점이다. 그는 양자를 별개의 인물로 상정할 시 고려대왕을 장수왕으로 본다면 조왕은 소수림왕이나 고국양왕이 될 수

24　당시 학회의 토론석상에서는 만약 비가 광개토왕대에 건립된 것이라면 太子(古鄒加) 共이 장수왕이 되는데 그의 휘와 고추가 책봉 등에 대한 해명이 없다는 것이 지적되기도 하였다(노중국, 2000, 「「중원 고구려비의 입비년에 관해서」에 대한 토론」『고구려연구』 10, 학연문화사, 310쪽).

25　朴眞奭, 2000, 「중원고구려비의 건립 연대 고증」『고구려연구』 10, 학연문화사. 그는 중국 조선족 연구자로서 1993년에 광개토왕비 관련 전문 저서인 『好太王碑與古代朝日關係研究』(延邊大學出版社)를 출간하는 등 중국 내 고구려 금석문 관련 최고 권위자로 활동하였다.

밖에 없는데, 해당 시기의 고구려 - 신라 관계가 비문의 내용과 부합하지 않으므로 모순이 된다고 지적하였다. 또 고려대왕을 문자왕으로 비정한다면 조왕은 장수왕이 되는데 이 경우 비문에 보이는 태자 공(고추가 공)이 문자왕의 아들이 되는 모순이 발생하므로 이 또한 성립이 되기 힘들다는 것이다. 그러므로 고려대왕과 조왕은 동일인으로 모두 장수왕으로 파악해야 한다는 것이 그의 주장의 핵심이다.

하지만 이 주장 역시 문제가 없는 것은 아니다. 그는 충주 고구려비에 기록된 일련의 사건들을 모두 한 시기에 일어난 동일한 것으로 전제하고 있으므로 그와 같은 결론을 도출한 것이다. 만약 다른 시기 별개의 사건들을 기록한 것이라면 고려대왕과 조왕은 서로 다른 인물로 파악할 여지가 충분하다. 비문 서술의 경제성을 고려하더라도 동일 인물에 대해 중복적 표현인 고려대왕과 조왕을 동일 지점에 병기할 필요는 없었을 것이라 생각된다. 그리고 비의 건립 연대를 장수왕 69년인 481년으로 주장하면서도 장수왕이 스스로 '조왕'이라 칭하였다는 모순에 대해서는 별다른 설명을 하고 있지 않아 그 점은 한계로 지적될 수밖에 없다.

김창호는[26] 충주 고구려비의 건립 연대에 대해 논하며 '十二月卄三甲寅'이 있는 449년 이후의 가까운 시기로 파악하였다. 그는 그 입론의 근거로 비문에 보이는 '寐錦'과 '寐錦忌'를 들었다. 매금의 경우 울진봉평비에 '牟卽智寐錦王'이 보이므로 마립간에 해당하며, 역대 마립간 중에서 忌와 유사한 휘를 가진 이는 訥祗이므로 그의 재위 기간인 417년에서 458년까지가 중원비의 건립 연대가 될 수밖에 없다고 한정하였다. 그리고 비문에 보이는 태자 공과 고추가 공이 동일 인물임을 인정한다면, 당시 기록을 통해 볼 때 왕자로서 고추가를 지낸 사람은 장수왕의 왕자인 고추가 조다 뿐이다. 그렇다면 비의 건립 연대는 장수왕 재위기(417~491)로 다시 제한되는데, 눌지마립간의 재위 시기가 그 안에 포함되므로 그 중에서 '十二月卄三甲寅'이 있는 것은 449년이므로 그에 가까운 어느 시기를

---

26 김창호, 2000, 「중원고구려비의 건립 연대」 『고구려연구』 10, 학연문화사.

비의 건립 연대로 비정한 것이다.

그리고 비문 주요 내용이 태자 공이 신라와 싸워 于伐城을 재정복하는 무훈을 세운 것이므로 비의 성격을 태자공의 공적비로 보아야 한다고 주장하였다. 비문의 태자공과 고추가공을 동인 인물로 파악하고 장수왕의 아들은 助多로 본 것은 어느 정도 납득할 만한 것이지만 비의 성격을 그의 기공비나 훈적비로 파악하는 것은 다소 억측이 아닐까 한다. 그러한 주장이 설득력을 얻기 위해서는 태자공과 고추가공이 동일 인물이고, 장수왕의 아들인 助多라는 사실이 확정이 되어야 함과 동시에, 반드시 한반도의 사례가 아니라도 비슷한 시기에 역사적으로 유사한 사례가 확인이 되어야할 것이다.

李殿福은[27] 충주 고구려비에 보이는 고구려의 국호 '高麗'에 주목해 그 본격적인 사용이 『梁書』부터임을 근거로 안장왕대에 등장한 것으로 이해하였다. 그에 따라 비의 건립 시기도 자연히 안장왕 이후의 어느 시기로 비정하고, 그 중에서도 평원왕대일 가능성이 크다고 보았다. 즉 비문 중 '고려대왕'은 평원왕이며, '조왕'은 안원왕이라는 것이다.

하지만 이러한 견해는 고구려가 국호를 고려로 칭한 시점이 늦어도 장수왕대임을 논증한 연구는 차치하더라도[28] 중국 사서에서도 양서 이전인 송서 등에도 고려라는 명칭이 산견되는 사례들을 통해 볼 때 고구려가 국호를 고려로 바꾼 시점을 양 무제 때로 특정한 것은 지나치게 내려잡은 감이 있다. 이를 근거로 상정한 비문의 건립 연대 역시 평원왕대 고구려 – 신라 관계가 비문 내용과 합치되지 않음은 물론, 신라 왕호 '매금'의 사용 시기만 따져보아도 맞지 않음을 알 수가 있다. 그의 이러한 주장은 한국 고대사에 대한 이해 정도가 낮았기 때문으로 생각된다.

---

27 李殿福, 2000, 「중원군의 고려비를 통해 본 고구려 국명의 변천」 『고구려연구』 10, 학연문화사.

28 정구복, 1992, 「고구려의 '고려' 국호에 대한 一考 –삼국사기의 기록에 관련하여」 『역사와 담론』 19 · 20合, 호서사학회.

임기환은[29] 충주 고구려비의 건립 시점을 449년의 이듬해 무렵으로 파악하였다. 그는 새로운 판독을 통해서 전면과 좌측면의 내용에 대해 고려 태왕과 조왕 령이 회맹을 위해 동쪽으로 오자 신라 매금 기와 고려 태자 공 등이 태왕을 맞아 궤영하였다고 보았다. 그리고 그 6개월 뒤인 12월 23일에는 5월의 회맹에 참여하였던 고구려와 신라 관료들이 다시 모여 그 회맹에서 이루어진 협약에 의해 募人三百 활동을 하였으며, 일정한 시간이 흐른 뒤에 고추가 공의 군대와 고모루성 수사에 의한 사건으로 비문은 종결된다고 해석하였다. 그리고 우측면에는 5월의 회맹 준비에 대한 내용이 있었을 것으로 추정하였다.

비의 건립 시점인 회맹이 있었던 시점인 449년의 이듬해 무렵은 기존 고구려에 종속되어 있던 신라가 그로부터 벗어나려고 적극적으로 움직이던 시기로, 450년 이후 양국 관계는 완전히 적대적이 된다고 보았다. 비문에 보이는 5월의 회맹은 신라의 이탈을 막기 위한 고구려의 외교 전략에 의해 마련된 것이었으나 결국 고구려 변장이 살해되는 충돌이 발생하고 고추가 공이 무력시위를 벌이는 것으로 귀결되었다고 파악하였다.

그는 비의 건립 목적이 과거 고구려와 신라가 맺었던 주종관계를 과시하고 신라의 이탈을 방지하기 위한 것으로 보았다. 그리고 그러한 목적을 위한 벌인 일련의 사건들이 비문에 적기된 것이다. 하지만 비문은 오히려 비문이 과시하고 추구한 시대의 끝을 보여주는 상징물이라고 해석하였다.

이용현은[30] 충주 고구려비와 신라의 여러 비를 비교 검토하는 작업을 진행하였다. 그는 충주비가 입비 이후에 제작되는 신라비에도 어느 정도 영향을 끼친 것으로 파악하였는데, 예컨대 비문 중에 보이는 太王호는 이후 신라비에도 다수 찾아지므로 그 영향을 받은 것으로 추정하였다. 그리고 고구려의 신라왕 및 지배층에 대한 의복 사여 역시 6세기 신라의 가야 경영에 유사하게 적용한 사례를

---

29 임기환, 2000, 「중원고구려비를 통해 본 고구려와 신라의 관계」 『고구려연구』 10, 학연문화사.

30 이용현, 2000, 「중원고구려비와 신라 비와의 비교」 『고구려연구』 10, 학연문화사.

찾을 수 있다고 하였다.

이러한 연구 성과는 5세기 무렵 고구려와 신라의 관계 및 충주 고구려비가 갖는 위상 등을 고려할 때 충분히 납득이 가는 것이다. 하지만 여전히 의문이 드는 것은 태왕호와 관련된 문제인데, 비문에 보이는 태왕호는 충주비 이전의 고구려 금석문에도 보이며, 신라의 경우 사용이 진흥왕 순수비 단계부터임을 감안한다면 충주 고구려비가 그 사용에 직접적인 영향을 미쳤다고 보기는 어려울 것 같다는 점이다. 오히려 고구려가 전통적으로 사용해 온 태왕호가 신라의 국력 신장과 국왕의 위상 강화와 더불어 신라 왕권에 의해 점진적으로 수용된 것이라 보는 편이 더 자연스럽다.

중국에서 광개토왕비 연구자로 저명한 耿鐵華 역시 학술회의에 참석해 충주 고구려비에 대한 자신의 견해를 피력하였다.[31] 그는 集安에서 발견된 冉牟(牟頭婁)墓誌와 충주 고구려비의 비교 연구를 진행하였다. 공통점에 대해 언급하며 양자가 모두 隷書體로 쓰였으며, 호태왕을 기재하고 있다고 하였다. 즉 충주 고구려비문에 보이는 태왕은 모두루묘지와 마찬가지로 호태왕(광개토왕)이며, 조왕은 장수왕에 해당한다고 본 것이다. 그리고 충주 고구려비의 건립 주체는 왕이 아니라 태자가 순시하는 신분으로 세웠다고 주장하였다. 비문의 태자는 문자왕으로, 그가 태자 신분으로 건립하였으므로 비의 건립 시기에 대해서는 장수왕 후기인 475~491년으로 비정하였다.

모두루묘지와 충주 고구려비에 대한 비교 연구는 그 시도 자체는 나쁘지 않았지만 두 금석문은 접점이 거의 없어 耿鐵華의 논문은 사실상 양자를 별개로 다루고 분석하는 데 그치고 있다는 한계점이 있다. 또한 비문에 보이는 태왕을 무조건 호태왕(광개토왕)으로 간주함으로써 일반 명사적 성격이 강한 '태왕'을 고유 명사인 '호태왕'과 동격으로 파악하고 있는데, 이러한 해석 역시 다소 무리한

---

31 그는 당시 중국에서 漢族 연구자로서는 유일하게 『好太王碑新考』(1994, 吉林人民出版社(長春))라는 광개토왕비 관련 단독 저서를 발표한 연구자였다(耿鐵華, 2000, 「염모묘지와 중원고구려비」 『고구려연구』 10, 학연문화사).

감이 있다.[32]

그리고 비문 중의 조왕을 장수왕으로, 태자를 문자왕으로 비정한 사실 역시 상호 간 개념 충돌이 일어나고 있어 받아들이기가 힘들다. 주지하다시피 문자왕은 장수왕의 손자로서 아들이 아니다. 만약 그가 王嗣로서 비를 세운 주체이고, 조왕이 장수왕이라면 당연히 태(대)손으로 기록되어야 한다.[33]

서영일은[34] 충주 고구려비에 보이는 우벌성과 고모루성을 중심으로 고구려의 성과 관방체계에 대한 논의를 진행하였다. 그는 고구려의 남진 루트를 서해안, 중부 내륙, 동해안 등 크게 세 방면으로 구분하고 비가 세워지는 중원 지역은 중부 내륙 방면의 루트로 파악하였다. 영락 6년에 공취한 고모루성이 충주비에 보이는 것은 고모루성이 이후 줄곧 고구려의 소유였다고 간주할 수 있으며, 고구려는 주로 중부 내륙 방면을 통해 신라 지역으로 진출한 것으로 추정하였다.

고구려는 중원 지역에 국원성을 중심으로 하여 남한강 수계를 따라 수로와 소백산맥을 통한 육로 관방체계를 복합적으로 형성한 것으로 분석하였다. 그리고 전자는 방어적인 측면, 후자는 공격적인 측면에서 구성되었으며, 그 방점은 공격에 찍혀 방어에는 취약한 한계점을 노출하고 있었다고 보았다.

---

32 태왕호는 고구려뿐만 아니라 신라에서도 사용된 사례가 있고, 이는 고구려의 영향을 받은 것으로 여겨진다. 따라서 태왕은 호태왕을 칭하던 고유 명사가 아니라, 고구려 왕권 강화와 더불어 등장한 미칭이나 초월적 칭호로 해석하는 것이 더욱 설득력 있다.

33 만약 고구려에서 '태자' 호칭이 고려 초의 正胤처럼 왕위계승자에 대한 고유 칭호로써 세대 구분 없이 사용된 것이라면 耿鐵華의 주장이 성립될 여지도 있겠다. 하지만 삼국사기에 의하면 고구려에서 태자는 어디까지나 세대를 기준으로 한 왕위 계승자의 칭호로 활용되었음이 확인된다. 특히 문자왕은 왕위계승자로 선택되어 궁중에서 키워질 당시부터 분명히 대(태)손으로 기록되어 있으므로 이러한 세대 관계를 무시하고 충주비에서 그를 태자로 기록하였을 가능성은 거의 없다.

34 서영일, 2000, 「중원고구려비에 나타난 고구려 성과 관방체계」 『고구려연구』 10, 학연문화사.

충주 고구려비의 첫 제보자인 장준식은 비석 부근의 고구려 계통 유적, 유물에 대하여 고고학적으로 분석하였다.[35] 우선 고구려 국원성의 치소에 대해 탑평리 중앙탑 일대로 비정하였다. 해당 지역에서는 삼국 시대의 생활토기와 평기와편이 많이 출토되었고, 토지 또한 매우 비옥해서 국원성의 입지 조건으로 충분하다고 보았다.

고구려 계통의 유물로는 建興五年銘金銅佛光背, 鳳凰里磨崖佛·菩薩群, 탑평리 출토 막새기와 등을 소개하였다. 특히 건흥오년명금동불광배에는 '上部'라는 명문이 새겨져 있어 고구려 작품임에 틀림이 없다고 분석하였다.

한편 국어학자인 남풍현은 충주 고구려비의 제3면을 중심으로 비문이 한국식 한자어와 이두가 혼용된 漢韓혼합 형식임을 밝혀내었고,[36] 서예학자인 김양동은 충주 고구려비의 서체에 대해 분석하였다. 고구려는 비록 중국의 주변에 위치하였지만 낙랑문화를 수용하고, 남조와의 교섭을 통해 중원 문화와 지속적으로 접촉하였기에 서법 역시 중국의 영향을 받으면서도 독특한 고구려의 양식을 보유하였다고 한다. 그 대표적인 예가 광개토왕비문이며, 충주비 역시 그 선상에 위치하고 있다고 보았다.[37]

'中原高句麗碑 新照明'이라는 주제로 개최된 국제 학술회의는 2000년 2월에 진행된 '中原高句麗碑 新釋文 國際 워크샵'에서 나온 성과들을 토대로 열린 것이다. 학술회의 석상에서는 충주 고구려비를 둘러싸고 그동안 학계에서 지속적으로 논의되어 온 비의 건립 시기, 목적, 각종 글자 판독 등에 대해 더욱 다양한 주장들이 제기되었다. 그리고 비문 자체뿐만 아니라 이를 기반으로 당시 고구려를 중심으로 한 한반도 삼국의 역학 관계 및 국내 정치에 대한 분석도 이루어졌다.

---

35 장준식, 2000, 「중원고구려비 부근의 고구려 유적과 유물」 『고구려연구』 10, 학연문화사.

36 남풍현, 2000, 「중원고구려비문의 해독과 이두적 성격」 『고구려연구』 10, 학연문화사.

37 김양동, 2000, 「중원고구려비와 고구려 금석문의 서체에 대하여」 『고구려연구』 10, 학연문화사.

비문을 활용해 제출된 더욱 진일보한 연구 성과라 할 수 있다. 또한 충주비와 다른 고구려 금석문, 혹은 신라 비 등과의 비교 연구가 진행되는 등 연구 방법론적 측면에서도 더욱 다각화하는 모습이 보여졌다. 이러한 다양한 노력과 시도들이 해당 학술회의의 가장 큰 성과가 아닐까 한다.

Ⅳ. 2019년 개최 충주 고구려비 발견 40주년 학술행사의 회고와 정리

2019년은 충주 고구려비가 발견된 지 꼭 40주년을 맞이한 뜻 깊은 해였다. 이를 기념한 학술행사도 몇 차례 거행되었다. 이 가운데 주목되는 것은 한국교통대학교 박물관이 주최한 '충주 고구려비의 어제와 오늘' 학술대회와 동북아역사재단이 주최한 '충주 고구려비 발견 40주년 기념 학술회의'이다. 본 장에서는 2019년 같은 해에 개최된 두 학술회의 석상에서 나온 충주 고구려비 관련 학술적 성과를 정리해 보고자 한다.

1. '충주 고구려비의 어제와 오늘' 학술회의의 회고와 정리

2019년 11월 11일 충주 고구려비의 소재지인 충주에 위치한 한국교통대 박물관은 한국고대학회와 함께 비 발견 40주년을 기념하여 '충주 고구려비의 어제와 오늘'이라는 주제로 학술회의를 개최하였다. 회의석상에서는 기조강연을 포함하여 총 8건의 발표가 있었으며, 그 가운데 6건이 충주 고구려비와 직접적으로 관련된 주제였다. 학술회의의 참가자와 충주 고구려비 관련 발표 세부 주제는 다음과 같다.[38]

---

38 해당 학술회의에서 발표된 8건 중 2건의 사례발표는 본고의 중점 분석 주제인 '충주 고구려비'와는 다소 거리가 있으므로 분석 대상에서 제외하였다.

'충주 고구려비의 어제와 오늘' 학술회의의 참가자 및 발표주제

연번	발표자(소속)	발표주제	구분
1	장준식(충청북도문화재연구원)	충주 고구려비 발견 40주년의 회고와 전망	기조강연
2	박경식(단국대)	중원고구려비의 발견과 역사적 의의	주제발표
3	정제규(문화재청)	충주 고구려비의 역사성과 새로운 모색	
4	백종오(한국교통대)	중원 지역의 고구려 고고학의 성과	
5	조영광(국사편찬위원회)	충주 고구려비 학술행사의 회고와 정리	
6	정우영(국립경주문화재연구소)	충주 고구려비의 고지형과 역사입지 검토	

해당 학술회의는 1979년 충주 고구려비 발견 당시 역사교사로서, 제보자이며 조사단의 일원이었던 장준식의 회고와 전망을 담은 기조강연을 시작으로 주제발표들이 이어졌다.

비 발견 당시 조사단의 일원이었던 박경식은 충주 고구려비의 발견 경위와 역사, 고고학적 의미에 대하여 설명하였다. 그는 비문이 발견됨으로써 삼국사기 지리지 등 여러 문헌에 기록된 한강 이남 지역에서 고구려의 활동에 관한 내용이 사실이었음이 입증되었다는 데 의의가 있다고 하였다. 고고학적 측면에서도 삼국 문화의 교차지로서 중원 지역의 고고 유적 발굴에 기폭제가 되었다는 점에서 큰 의미가 있다고 평가하였다.[39]

해당 학술회의에서 주목되는 발표 중 하나는 충주 고구려비의 입지에 대해 검토한 정우영의 발표이다. 그는 비 건립 당시의 고지형과 주변의 자연지리 환경 등에 종합적으로 검토하고, 비문의 건립 위치를 고대 교통로의 복원과 함께 비정을 시도하였다.[40] 그동안 비가 입지한 충주 지역이 갖는 역사 지리적 중요성은 여러 차례 지적된 바가 있으나,[41] 비의 건립 당시 지형에 대한 복원과 건

39 박경식, 2019, 「충주 고구려비의 발견과 역사학적 의의」 『충주 고구려비의 어제와 오늘』, 한국교통대학교박물관.

40 장우영, 2019, 「충주 고구려비의 고지형과 역사 입지 검토」 『충주 고구려비의 어제와 오늘』, 한국교통대학교박물관.

41 이병훈, 1979, 앞의 글.

립 지점에 대한 정확한 비정을 시도하였다는 점에서 연구사적으로 의미가 적지 않다.

이밖에 정제규는 충주 고구려비에 대한 그간의 역사, 국어학 방면의 연구사를 정리하며 그 역사성의 정립에 대해 논하였고,[42] 백종오는 충주 고구려비의 발굴로 서막이 열린 중원 지역 고구려 고고학의 발굴 현황과 성과에 대하여 정리하였다.[43] 끝으로 조영광은 1979년 비 발견 이후 개최된 관련 학술행사를 중심으로 연구사를 정리하였다.[44]

2. '충주 고구려비 발견 40주년 기념 학술회의'의 회고와 정리

2019년 11월 22일 동북아역사재단은 한국고대사학회 공동 주최로 '충주 고구려비 발견 40주년 기념 학술회의'를 개최하였다. 2019년 들어 동북아역사재단은 충주 고구려비 발견 40주년을 기념하여 한국고대사학회와 함께 두 차례의 판독회를 개최하는 등 충주 고구려비 재조명을 위해 매우 활발하게 움직였다. 1년에 걸친 그러한 준비와 노력의 결과물로서 거행된 것이 해당 학술회의였다. 학회장에서는 기조강연을 포함하여 총 6건의 발표가 있었다. 학술회의의 참가자와 충주 고구려비 관련 발표 세부 주제는 다음과 같다.[45]

서영일, 2000, 앞의 글.

42 정제규, 2019, 「충주 고구려비의 역사성과 새로운 모색」 『충주 고구려비의 어제와 오늘』, 한국교통대학교박물관.

43 백종오, 2019, 「중원 지역 고구려 고고학의 성과」 『충주 고구려비의 어제와 오늘』, 한국교통대학교박물관.

44 조영광, 2019, 「충주 고구려비 관련 학술행사의 회고와 정리」 『충주 고구려비의 어제와 오늘』, 한국교통대학교박물관.

45 해당 학술회의에서 발표된 8건 중 2건의 사례발표는 본고의 중점 분석 주제인 '충주 고구려비'와는 다소 거리가 있으므로 분석 대상에서 제외하였다.

'충주 고구려비 발견 40주년 기념 학술회의'의 참가자 및 발표주제

연번	발표자(소속)	발표주제	구분
1	장준식(충청북도문화재연구원)	충주 고구려비 발견 40주년의 회고와 전망	기조강연
2	조영훈(공주대) 등	충주 고구려비 판독을 위한 과학적 조사 방법	주제발표
3	고광의(동북아역사재단)	충주 고구려비 석문 재검토	
4	여호규(한국외국어대)	충주 고구려비의 단락 구성과 건립 시기	
5	임기환(서울교육대)	충주 고구려비의 고려 대왕과 신라매금	
6	이성제(동북아역사재단)	충주 고구려비의 제작 배경과 목적	

'충주 고구려비 발견 40주년 기념 학술회의'는 같은 달에 개최되었던 '충주 고구려비의 어제와 오늘' 학술회의와 마찬가지로 최초 제보자이자 발견자인 장준식의 기조강연을 필두로 5건의 주제 발표가 이어졌다. 해당 학술회의의 특징은 서두에서 언급하였듯이 사전에 두 차례의 판독회를 개최하는 등 충주 고구려비 비문 자체의 조사에 대해 많은 공을 들이고 그와 관련된 성과들이 발표되었다는 점이다.[46]

먼저 해당 학술회의에서 특징적인 부분은 첨단 장비를 이용한 비문 자체에 대한 조사 결과가 발표되었다는 점이다. 조영훈, 권다경, 고광의는 3차원 스캐닝이라는 첨단 기술을 이용해 비를 조사하고, 학제 간 융합 연구를 통해 비문의 실체를 밝히고자 하였다.[47]

비문 판독에 있어 새로운 주장도 나와 주목을 끈다. 3차원 스캐닝 작업에 참여한 고광의는 그 성과를 바탕으로 충주 고구려비의 제액과 간지 부분에 대한

---

46 동북아역사재단 주최 충주 고구려비 판독회는 비의 전면을 대상으로 2019년 8월 22일과 10월 17일 두 차례 진행되었으며, 후면과 좌우측면을 대상으로 2020년 4월 24일 3차 판독회가 진행되었다. 해당 판독문과 2019년 학술회의 5건의 주제 발표는 2020년 6월 간행된 『한국고대사연구』 제98호에 '발견 40주년 기념 충주 고구려비 연구의 새 단계'라는 제명으로 특집 게재되었다.

47 조영훈·권다경·고광의, 2020, 「충주 고구려비 판독을 위한 3차원 스캐닝 기술의 적용 및 고찰」 『한국고대사연구』 98.

새로운 해석을 내놓았다.[48] 앞에서 살펴본 바와 같이 비의 제액과 관련해서는 발견 당시부터 꾸준히 논란이 되어왔는데, 그는 제액이 있다고 추정되는 前面 상단에 '永樂七年歲在丁酉'가 새겨져 있다고 판독하였다. 그리고 본문 중에 보이는 그동안 '十二月廿三(혹은 五)日甲寅'으로 판독되었던 부분을 '十二月廿七日庚寅'이라고 읽었으며, 좌측면의 '辛酉年'을 새로 읽어내기도 하였다.

주목되는 것은 제액에 해당되는 부분에 영락 7년이라는 연호가 새겨져 있었다는 부분이다. 만약 그의 새로운 판독이 옳다면 비의 제액에 비의 건립 시기나 중점적으로 다루고 있는 사건의 발생 연도가 아닌 다른 시기가 기록되었다는 것이다. 만약 그것이 사실이라면 매우 특수한 사례가 된다. 물론 고광의는 영락 7년(397)이 비문의 건립 시기와 밀접한 관련이 있을 것이라 추정하고 있어 그 자체로서 제액 기능을 한 것이라 추정하고 있지만 비문의 전체적인 내용상 그 시기의 역사적 사실을 반영한 것이라 보기는 어렵기 때문에 그와 같은 주장은 성립되기 어려워 보인다.

여호규는 비문의 단락 구성과 건립 목적에 대해 새로운 해석을 제기하였다.[49] 그는 총 4면으로 구성된 비가 문자왕이 비를 건립한 목적과 시기를 기술한 제1면(후면)과 그와 관련한 과거 사건을 시기순으로 기재한 나머지 3면(전면, 측면)으로 내용적 구분이 가능하다고 보았다. 그리고 전면과 좌측면은 某年에 일어난 사건을 기술한 Ⅰ단락, 辛酉年의 사건을 다룬 Ⅱ단락으로 다시 나누어지며, Ⅰ단락은 5월 중의 사건(A)과 12월 23의 사건(B)으로 이루어져 있다고 하였다. 구체적인 내용은 Ⅰ단락의 A부분은 고구려 왕(장수왕)과 신라 왕의 복속 의례, B 부분은 수속 조치로서 募人 활동을 기술하였으며, Ⅱ단락은 辛酉年에 大古鄒加 共이 신라 우벌성 일대에서 전개한 활동이라고 하였다.

비의 건립 주체는 문자명왕으로, 후면에 건립 목적과 시기가 기술되었을 것으

---

48 고광의, 2020, 「충주 고구려비의 판독문 재검토 -제액과 간지를 중심으로-」『한국고대사연구』 98.

49 여호규, 2020, 「충주 고구려비의 단락 구성과 건립 시기」『한국고대사연구』 98.

로 추정하였다. 그리고 건립 시기는 문자왕이 남쪽으로 순수한 495년을 전후한 시기로, 건립 목적은 신라에 대한 고구려 중심의 차등적 외교 관계의 관철 즉, 고구려 우위의 국제 질서 확립으로 보았다.

임기환은 충주 고구려비에 보이는 고려 대왕과 동이 매금, 신라 매금 등의 용어 정의와 상호 관계 등에 대해 논하였다.[50] 그는 우선 '동이 매금'이라는 표현이 신라의 매금이 고구려 태왕에게 책봉되면서 받은 호칭으로 이해하였다. '동이'라는 표현이 중국식 화이관을 바탕으로 상대를 낮게 지칭하는 호칭이라는 점을 상기할 때 신라 매금의 입장에서는 모욕적인 것으로 받아들여질 수도 있다. 하지만 중화주의적 세계 질서에서 중국의 동방에 위치한 제세력이 동이로 지칭되고 실제 책봉호에도 적지 않게 사용되었으며, 그에 대한 큰 거부감을 피력한 사례도 없었음을 상기한다면 충분히 가능한 해석이라 생각된다.

그리고 비의 건립 목적이 5월 회맹의 성립을 기념하기 위한 것이 아니라, 회맹 이후에도 이어진 양국 간의 영역 분쟁과 관련된 것으로 본 것도 흥미롭다. 그의 주장처럼 5월에 고려 태왕이 해당 지역에까지 온 것은 변경에 대한 巡狩의 목적도 있었을 것이 분명하다. 그리고 비문에는 분명히 5월 회맹과 12월 23일의 사건이 별도로 기재되어 있는 만큼, 시간적으로 비의 건립 시기와 더 가까운 12월의 사건에 대한 해결 상황을 기록한 것이 비의 건립 목적이라 보는 것이 자연스럽다.

이성제는 충주 고구려비의 건립 목적과 배경에 대해 449년 5월의 회합과 12월 23일의 사건을 함께 놓고 파악해야 함을 피력하였다.[51] 그는 고구려 우위를 기조로 신라의 협조를 통해 거행된 449년 5월과 12월 23일 고구려 측과 신라 상하가 함께 하는 회합적 성격의 행사가 관행적으로 있었으며, 그에 대한 신라 측의 불만이 터져나왔고, 그것이 하슬라주 고구려 변장 살해로 귀결되었다고 보았다. 그리고 그 사건은 450년 7월 눌지왕의 '卑辭謝之'를 통해 겨우 수습되면서

50 임기환, 2020, 「충주 고구려비의 대왕과 동이 매금」 『한국고대사연구』 98.
51 이성제, 2020, 「충주 고구려비의 건립 목적과 배경」 『한국고대사연구』 98.

고구려는 양국의 차등 관계와 고구려 우위를 다시 한번 신라에 각인시키기 위한 일종의 布告의 목적으로 비를 건립한 것으로 파악하였다. 그렇다면 비의 건립 시기는 자연히 450년 7월 이후의 일이 된다는 해석이다.

비록 결락 부분이 많기는 하지만, 그를 감안한다고 하여도 비문의 5월과 12월 23일의 사건이 모두 완결성을 갖지 못하는 서사 구조임을 상기할 때 그와 해석도 충분히 가능하다 생각된다. 다만 고구려 변장 살해 사건과 450년 눌지왕의 사죄 등을 모두 연관해 비의 건립 목적과 시기를 판정하려 한다면, 그와 관련되는 내용이 최소한의 일부라도 비문에 보여야 하는 것이 순리일 것 같다. 만약 비문의 훼손이 심해 그와 같은 내용이 있었더라도 결락된 것이라면, 어느 지점에 그러한 내용이 있었을 것이라는 추론 정도는 덧붙여줘야 관련 주장이 더욱 설득력을 가질 수 있을 것이라 생각된다.

V. 맺음말

지금까지 충주 고구려비를 대상으로 열린 학술행사에 대해 판독회와 학술회의를 중심으로 살펴보았다. 충주 고구려비가 발견되고 본격적인 연구가 시작된 지도 이미 생물학적 한 세대를 훨씬 넘겼다. 그동안 비문 자체에 대한 연구사뿐만 아니라 비의 연구를 위해 개최된 학술행사 도 이제는 역사의 한 부분이 되었으므로 이에 대한 회고와 정리가 반드시 필요한 시점이 되었다. 판독회와 학술회의는 크게 3차례로 구분되는데, 1차 판독 작업은 비문이 발견된 1979년 4월 5일부터 6월 1일까지 진행된 7차례의 공식 조사이며, 2차 판독회는 충주 고구려비 발견 20주년을 기념하여 2000년 2월에 개최되었다. 그리고 2019년에는 비 발견 40주년을 기념하여 판독회와 학술회의가 열렸다.

발견 직후 진행된 1차 판독 작업은 고구려비라는 사실을 밝혀내는 것을 필두로 하여 비문의 구성과 刻字 등 비문의 대강을 파악하는 성과를 내었다. 이러한 1차 판독 작업의 성과를 토대로 1979년 6월 9일에 개최된 학술회의에서는 현재까지 학계에서 논의되고 있는 비의 성격과 건립 연대, 목적, 구성 등에 기본적인 주장들이 대부분 제기되었다.

　2차 판독회는 당시로서 최신 기술을 이용하여 발견 20년이 넘은 충주 고구려비에 대한 대대적인 재검토의 성격을 지녔다. 이 판독회를 통해 19자(추정 포함)를 새로이 읽어내고 4면비임을 분명히 확인하였으며, 제액의 존재 등에 대한 좀 더 진전된 주장들이 나오기도 하였다. 그리고 그 성과를 토대로 같은 해 9월에 개최되는 국제학술회의에서는 비문의 건립 연대나 목적 등에 대한 새로운 견해가 제출되기도 하였다.

　위에서도 확인되듯 충주 고구려비를 둘러싼 제논의는 사실상 발견 당해와 20년이 지난 후 치러진 두 차례의 판독 작업과 학술회의장에서 이루어진 것이다. 2019년은 충주 고구려비 발견 40주년을 맞이하여 당년 11월 11일 한국교통대 박물관과 한국고대학회의 주최로 개최된 학술회의를 비롯하여 11월 22일 한국고대사학회와 동북아역사재단이 주최한 두 차례의 학술회의가 거행되었다. 두 학술회의에서도 의미 있는 연구 성과들이 다수 나왔고, 동북아역사재단과 한국고대사학회가 주최한 회의에서는 관련 연구자들이 모여 수차례 판독회를 가지며 새로운 판독문을 작성하는 성과도 이루어냈다.

조영광(전남대학교 역사교육과 교수)

〈참고문헌〉

고광의, 2020, 「충주 고구려비의 판독문 재검토 -제액과 간지를 중심으로-」 『한국고대 사연구』 98.

김양동, 2000, 「중원고구려비와 고구려 금석문의 서체에 대하여」 『고구려연구』 10, 학연 문화사.

김정배, 1979, 「중원고구려비의 몇가지 문제점」 『사학지』 13, 단국대학교 사학회.

김창호, 2000, 「중원고구려비의 건립 연대」 『고구려연구』 10, 학연문화사.

남풍현, 2000, 「중원고구려비문의 해독과 이두적 성격」 『고구려연구』 10, 학연문화사.

박경식, 2019, 「충주 고구려비의 발견과 역사학적 의의」 『충주 고구려비의 어제와 오 늘』, 한국교통대학교박물관.

朴眞奭, 2000, 「중원고구려비의 건립 연대 고증」 『고구려연구』 10, 학연문화사.

백종오, 2019, 「중원 지역 고구려 고고학의 성과」 『충주 고구려비의 어제와 오늘』, 한국 교통대학교박물관.

변태섭, 1979, 「중원고구려비의 내용과 연대에 대한 검토」 『사학지』 13, 단국대학교 사 학회.

서길수, 2000, 「중원고구려비 신석문 국제워크샵과 국제학술대회(2000년)」 『고구려연 구』 10, 학연문화사.

서영일, 2000, 「중원고구려비에 나타난 고구려 성과 관방체계」 『고구려연구』 10, 학연문 화사.

신형식, 1979, 「중원고구려비에 대한 고찰」 『사학지』 13, 단국대학교 사학회.

여호규, 2020, 「충주 고구려비의 단락 구성과 건립 시기」 『한국고대사연구』 98.

이기백, 1979, 「중원고구려비의 몇 가지 문제」 『사학지』 13, 단국대학교 사학회.

이도학, 2000, 「중원고구려비의 건립 목적」 『고구려연구』 10, 학연문화사.

이병도, 1979, 「중원고구려비에 대하여」 『사학지』 13, 단국대학교 사학회.

이성제, 2020, 「충주 고구려비의 건립 목적과 배경」 『한국고대사연구』 98.

이용현, 2000, 「중원고구려비와 신라 비와의 비교」 『고구려연구』 10, 학연문화사.

이호영, 1979, 「중원고구려비 제액의 新讀」 『사학지』 13, 단국대학교 사학회.

임기환, 2000, 「중원고구려비를 통해 본 고구려와 신라의 관계」 『고구려연구』 10, 학연 문화사.

임기환, 2020, 「충주 고구려비의 고려 대왕과 동이 매금」 『한국고대사연구』 98.

임창순, 1979, 「중원고구려고비 小考」 『사학지』 13, 단국대학교 사학회.

장우영, 2019, 「충주 고구려비의 고지형과 역사 입지 검토」 『충주 고구려비의 어제와 오늘』, 한국교통대학교박물관.

장준식, 2000, 「중원고구려비 부근의 고구려 유적과 유물」 『고구려연구』 10, 학연문화사.

장창은, 2006, 「중원고구려비의 연구동향과 주요 쟁점」 『역사학보』 189.

장창은, 2013, 「충주 고구려비 연구의 최근동향」 『제7회 중원문화학술포럼 -고구려의 재발견-』, 한국고대학회·한국교통대학교 박물관.

정구복, 1992, 「고구려의 '고려' 국호에 대한 一考 -삼국사기의 기록에 관련하여」 『역사와 담론』 19·20合, 호서사학회.

정영호, 1979, 「중원고구려비의 발견 조사와 연구전망」 『사학지』 13, 단국대학교 사학회.

정영호, 2000, 「중원고구려비의 발견조사(1979년)와 의의」 『고구려연구』 10, 학연문화사.

정제규, 2019, 「충주 고구려비의 역사성과 새로운 모색」 『충주 고구려비의 어제와 오늘』, 한국교통대학교박물관.

조영훈·권다경·고광의, 2020, 「충주 고구려비 판독을 위한 3차원 스캐닝 기술의 적용 및 고찰」 『한국고대사연구』 98.

耿鐵華, 2000, 「염모묘지와 중원고구려비」 『고구려연구』 10, 학연문화사.

李殿福, 2000, 「중원군의 고려비를 통해 본 고구려 국명의 변천」 『고구려연구』 10, 학연문화사.

木村 誠, 2000, 「중원고구려비의 입비년에 관해서」 『고구려연구』 10, 학연문화사.

武田幸男, 1989, 「『三國史記』廣開土王本紀의 國際關係」 『高句麗史と東アジア』, 岩波書店 (東京).

충주 고구려비의 건립 위치에 대한
고고지리학적 접근

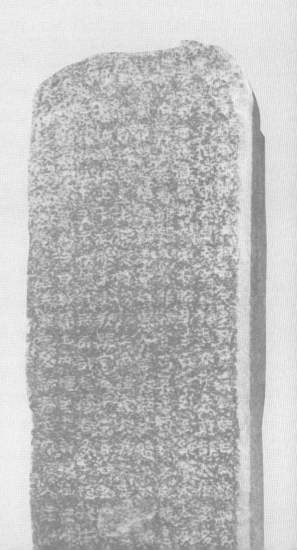

06 충주 고구려비의 건립 위치에 대한 고고지리학적 접근

Ⅰ. 머리말

지금까지 우리나라에서 고지형 분석을 통한 유적의 입지추정은 지형의 형태에 초점을 맞추어 이루어진 경우가 많았다. 대체로 유적이 존재하는 곳의 과거 지형을 파악하기 위해 지형분류를 실시하고 현재의 지형과 상호 검토하여 그 결과의 유효성을 얻는 방법으로 진행하였다. 하지만 이러한 분석은 입지 추정에는 매우 유효하게 사용되지만, 지형이 시계열적으로 형성되고 변화를 겪는 지형발달사 측면에서 접근이 아쉬움이 있고, 이러한 지형을 선정하여 유적이 점유하고 더는 사용되지 못하는 유적 형성사에 대한 접근이 없다는 아쉬움도 있다. 유적의 형성이 지형의 특성과 매우 밀접한 관련이 있다는 사실은 많은 연구사례를 통해 확인되고 있기 때문에 유적형성을 검토할 수 있는 미지형(微地形) 단위를 분석하는 작업은 필요하다.

이 글은 상기한 관점에서 충주 고구려비와 지형과의 관계를 밝히고자 한다. 특히 그동안 건립 및 비역 조성에 대한 논란을 고지형·역사지리의 관점에서 새롭게 접근하는 방법을 목적으로 하였다. 충주 고구려비는 알려진 바와 같이 삼국시대 건립 이후, 여러 차례 쓰러지고 세워졌으며, 또한 매몰되고 옮겨지는 과정을 거쳤다. 이러한 과정의 모습은 고구려비가 마을에서 중요한 역할을 오랫동안 간직하였음을 말해준다. 따라서 비가 세워진 지역은 선돌 혹은 입석이라는 마을 지명으로 남게 되었다. 하지만 고구려비는 그 의미를 파악하지 못한 채 단지 신앙과 마을의 민속적 주요 상징적 건조물로 자리 잡아 왔다.

이후 1970년대 이후 실시된 학술조사를 통해 마을 내 입석은 고구려비로 알려지게 되었고, 그 중요성을 인식하는 계기가 되었다. 하지만 비의 건립지에 대한 논의는 명확한 장소 특정을 하지 못한 채 건립지와 발견지가 같거나 다르다는 주장으로 나아가게 되었다. 물론 입석마을 주민의 증언, 사진기록, 설화 등을 통해 마을 내 입석의 건립 장소에 대해서는 간접적으로나마 추정할 수 있지만, 여전히 건립지의 위치를 비정하기에는 명확한 근거를 제시하기 어렵다.

따라서 이 글에서는 구체적인 비의 건립 장소를 추정하기 위해 현재의 지리 및 지형정보자료와 과거의 고지형 자료를 비교하여 비의 발견지점에 대한 지형조건을 먼저 파악해 보고, 여기에 더해 조선 후기 지도와 일제강점기, 해방 이후 지형도를 중심으로 한 교통로 분석, 그리고 가시권 분석 등 여러 역사지리학적 근거를 바탕으로 건립지를 추정하고자 한다.

II. 충주 고구려비 발견지 주변의 지형환경

충주 고구려비는 1970년대 발견 당시 조사를 제외하고는 비를 포함한 주변 지역 발굴조사 사례가 많지 않다. 따라서 유적조사를 바탕으로 한 직접적인 지형을 파악하기는 어렵다. 따라서 충주지역의 지질과 지세, 퇴적물 분석을 통한 지형분류 연구를 먼저 정리하고 비의 위치와 주변 지형환경을 연구사와 함께 검토하였다.

1. 지질과 지세[01]

충주는 우리나라 중앙부에 위치하며 동북으로 제천시, 서쪽으로 음성군, 남쪽으로 괴산군과 경상북도, 북쪽으로 경기도, 강원도와 경계를 이룬다. 동남쪽으로는 소백산맥의 줄기인 계명산·남산·대림산·월악산과 서쪽으로 둘러싸인 산간분지로 형성되어 있으며, 남한강과 달천강 및 요도천이 충주를 관통하여 예로부터 수운이 편리하고 수자원이 풍부한 내륙분지로 알려져 있다.

---

01 충주시, 2001, 「1편 지리」 『충주시지(상)』, 충주시.

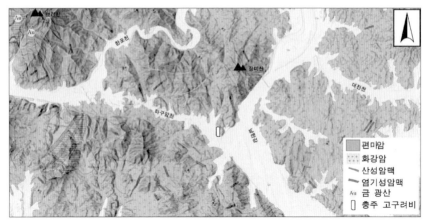

충주 고구려비 주변 5만 지질도(한국지질자원연구원 지질정보서비스시스템 수정 후 전재)

이곳의 지질환경은 옥천지향사의 부존 지역에 후대동기 조산운동으로 산맥이 생성된 이후, 중생대 말을 전후하여 여러 차례 습곡운동과 단층작용을 받아 곳곳에 화강암의 관입이 있어 대산맥을 형성했다. 소백산맥의 일부인 계명산(755m), 남산(636m), 대림산(489m), 천등산(806m) 등 비교적 높은 산지가 생겨났으며 나머지는 대부분 오랜 침식으로 노년기의 저산성 구릉과 침식분지가 발달한다.

충주 고구려비 발견지는 이러한 화강암과 산성·염기성 암맥이 곳곳에 분포하는 산지 및 구릉 말단부 끝자락에 자리한다. 그 남쪽으로는 모래·자갈 등 제4기 퇴적물로 구성된 충적층이 분포하는 것으로 보아 남한강, 하구암천 등 크고 작은 하천이 이곳에 큰 영향을 끼치고 있었다고 짐작할 수 있다.

2. 퇴적물 분석을 통한 충주 지형분석

충주 고구려비가 위치한 주변 지형을 살펴보기에 앞서 기존의 지형분석 결과[02]

---

02 박희두, 1995, 「충주분지의 지형분석(퇴적물 분석을 중심으로)」 『한국지형학회지』 제2권-1호, 한국지형학회, 21~42쪽.

를 요약하면 다음과 같다.

충주분지는 배후산지, 산록면, 하안단구, 범람원, 하천의 순서로 발달한다. 하안단구는 태백산지의 융기와 해수면하강 때문에 생긴 침식기준면을 따라 일차적으로 삭박이 진행된 후, 해면 상승에 의한 침식기준면 상승 및 남한강과 주변 하천의 합류지점에 홍수 등 일시적으로 상승한 기준면에 의하여 퇴적이 이루어졌다. 이 상층은 산지 및 구릉지에서 기원한 선상지 퇴적물이 있어, 하상퇴적물과 선상지퇴적물이 뒤섞여 있는 양상이다.

남한강의 하상은 거대한 자갈과 호박돌 등의 퇴적물이 많고, 탑평리 등 자연제방 위에는 이보다 작은 굵은 모래 등이 퇴적되어 있다. 반면 남한강과 거리가 멀리 떨어진 지역은 고운 모래 등 세립물질의 퇴적이 뚜렷하게 관찰된다. 이들 퇴적물 중 모래는 굵고 각진 모래부터, 마모되어 둥근 것이 뒤섞여 있다. 평상시에도 유량이 많은 남한강은 홍수 등으로 원거리에서 이동되어 온 둥글게 마모된 하상퇴적물이 주로 존재하는 반면, 고구려비 주변의 사면과 배후산지의 모래는 단거리에서 이동되어 각진 선상지 퇴적물이 주로 보인다.

충주 고구려비가 위치한 입석마을은 남한강과 약 1.3km 떨어져 있어 동쪽의 탑평리보다 세립질의 모래와 미사(微沙)가 더 퇴적되었다. 남한강의 범람의 영향도 있지만, 무엇보다 남한강과 거리가 떨어져 있어 자갈 등 하천과 직접 관련이 있는 퇴적물은 상대적으로 탑평리보다 적어 보다 안정된 유적 기반층을 가진다.

3. 충주 고구려비 주변 분포지형[03]

1) 산악지

현재 충주 고구려비가 위치한 곳의 북쪽으로는 산악지로 분류된다. 산악지는

---

03 해당 지역의 입지와 퇴적상을 검토하기 위해서 국립농업과학원에서 제공하는 토양조사자료를 참고하였다.
    농촌진흥청, 2014, Taxonomical Classification of Korea Soils. Rural Development Administation; 농촌진흥청 국립농업과학원 흙토람 토양환경지도

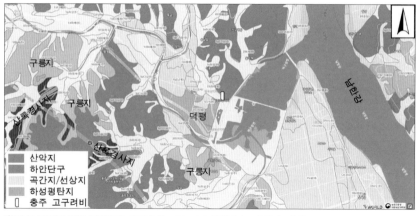

충주 고구려비 주변 토양도(농촌진흥청 1:5,000 토양환경지도 수정 후 전재)

현재 장미산성이 위치하는 장미산을 중심으로 산줄기가 북 – 남으로 이어지다 장미산성 부근에서 두 줄기로 분지한다. 이 중 하구암천 근처까지 길게 이어지는 산악지의 끝자락에 현재 충주 고구려비가 위치한다.

산악지로 분류되는 토양통은 삼각통[04]으로 주된 경사가 30~60%이다. 삼각통은 화강암 모재로부터 기인한 산악지 잔적층으로서 이 토양은 50~100cm까지 관찰되며 심지어 암반까지의 깊이는 2m 이상 남아 있는 경우도 있다. 물리적인 특성은 모래가 미사와 점토보다 압도적으로 비중이 크고 모래 중에서도 굵은 모래가 비중이 크며 퇴적된 시간이 빠르다. 삼각통은 주로 바위가 많이 노출되어 있고, 유실이 심하며, 경사가 매우 급하다. 이러한 조건은 고구려비와 관련 유적의 가시적인 부분에서 도움은 주지만 비의 건립과 취락입지에 있어 좋지 않은 조건이다.

토양조사는 농업을 위한 토층 조사로 최소 작도면적이 6.25ha 정도이고 지표에서 약 1.5m 깊이까지 토양단면을 기재하고 항공사진 분석을 통해 지형을 분류하여 1:5,000 축적으로 토양지도를 작성하였다. 흙토람 토양환경지도에는 분포지형, 배수등급 등 발굴조사에 유용한 정보가 전국적으로 공개되어 있다.

04 농촌진흥청, 2014, 앞의 책, 1197~1200쪽.

2) 하안단구

하안단구는 곡간지/선상지 지형의 남쪽, 마루들에 놓인 지형으로 보고 있다. 흔터거리들을 제외한 마루들 전체에서 확인되고 있다. 이러한 지형의 토양은 덕평통[05]으로 대개 하안단구 등의 지형에서 발달한다. 주요 강과 하천을 따라서 분포하며, 좁은 면적으로 분포하는 특징이 있다.

토양의 물리적 특성은 모래 함량보다 점토와 미사 함량이 많은 토양이고 경사는 0~2%로 완만하다. 모래 함량이 적고 형성과정이 긴 토양의 물리적 특성은 토기 · 기와 제작과 성토 등 인간 행위와 밀접한 관련성이 있어 취락이 입지할 가능성이 높은 지형 조건을 갖추는데, 이는 충주 고구려비의 건립과도 연관될 수 있다.

하지만 Ⅲ장 고지형 분석 결과에서는 구하도가 확인되는 등 하상퇴적으로 분류되어 토양도 분포지형과는 대비된다. 이러한 분류의 차이는 두 관점을 생각할 수 있는데, 토양조사 당시 항공사진 분석을 통한 지형 분류가 이미 경지정리가 완료된 시점인 1974년도에 진행되면서 원지형이 변형된 상태로 토양도에 기입되었거나, 1972년 중부지방 집중호우로 남한강이 크게 범람하여 하안단구가 침수되거나 침식되었을 가능성이 있다.

3) 곡간지/선상지

현재 충주 고구려비 전시관[06]이 위치한 지점은 곡간지와 선상지로 분류되는

---

05 농촌진흥청, 2014, 앞의 책, 308~312쪽.

06 충주 고구려비는 발견 이후 1981년 3월 16일 국보 제205호로 지정되어, 그해 8월 사유지였던 발견지에서 비를 이동시켜 보호각이 설치되었다(중원군, 1981, 中原高句麗碑保護閣建立記). 2004년 10월 고구려비를 방문한 당시 유홍준 문화재청장이 고구려비 보존의 문제점과 환경오염 등을 제기하며 종합정비계획을 지시함으로서 현재의 모습으로 전시관이 준공되었다(장준식, 2019, 「충주 고구려비 발견 40주년 회고와 전망」『충주 고구려비 발견 40주년 기념 학술대회 -충주 고구려비의 어제와 오늘-』, 21쪽). 전시관을 만들면서 보호각이 없어졌는데, 보호각이 있던 자리에서 동쪽

충청북도 충주시 감노로 2319(중앙탑면 용전리 280-11) 일대이다. 이 지형은 현재 마을이 위치하는 곳에서 남쪽으로 반원형의 형태로 뻗어 있는 것으로 파악되는데, 후술할 고지형분석 결과와 일치한다. 선상지로 분류되는 토양통은 대곡통[07]으로 좁은 곡간지에서 발달하는 충적·붕적층이며 화강암 유래 모재로부터 기원한다. 토양의 물리적 특성은 모래 함량이 점토와 미사 함량보다 많은 퇴적 시간이 비교적 빠른 토양이고, 주된 경사는 2~7%로 토양특성과 지형양상은 배수가 양호하다. 산지·구릉 말단에서 경사가 완만해지는 지점을 거쳐 남쪽으로 조금 더 뻗어 내려간 좋은 조망권 때문에 비의 건립과 취락입지에 매우 좋은 조건이라 할 수 있다.

4) 하성평탄지

하안단구 북서쪽은 하구암천에 의해 형성된 하성평탄지가 확인된다. 하성평탄지는 주로 하천변과 강 유역에 인접한 경사가 완만하거나 매우 완만한 하성충적 평탄지로서 주로 지하수위가 높은 영향으로 반문(斑紋: 망간집적)이 관찰되며, 하천 퇴적을 나타내는 자갈 또는 잔돌이 많다. 토양의 물리적 특성은 모래→미사→점토 순으로 비중이 크고 모래 중에서는 거친 모래 비중이 크다. 주된 경사는 0~2%로 완만하다.

III. 충주 고구려비 주변 고지형 분석

1. 충주 고구려비 발견지의 고지형 형태

충주 고구려비 발견지와 원래의 건립 위치는 아직 명확하게 지점을 비정하지 못하고 있다. 1979년 최초로 고구려비를 발견한 지점은 그 당시 입석마을

으로 약 15m 정도 떨어진 전시관에 현재 충주 고구려비가 있다.

07 농촌진흥청, 2014, 앞의 책, 240~243쪽.

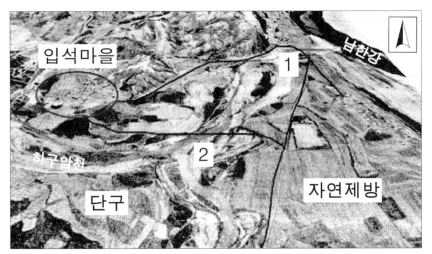

입석마을 진입로와 주변 미지형(국토지리정보원 1947년 항공사진)

입구로 파악하고 있으며, 발견 이전은 설화와 구술로 경작지 경계에 있었다고
만 추정할 뿐이다. 현재 고구려비는 장미산에서 남쪽으로 뻗어 내린 구릉 말단
에 있다.

비는 독자가 누구냐에 따라 목적을 정한 뒤 건립 위치를 선정하였을 것이다.
따라서 인문 요소와 함께 주변의 자연 조건도 중요한 요인으로 살펴보는 것이
중요한데, 이를 위해 지형지리학적 검토를 우선한다. 특히 과거 지형의 모습을
살펴 초기 발견지를 비롯한 현재의 지형에 고구려비의 건립이 가능한지를 앞선
토양환경지도에서 제시된 지형분류와 상호대비 하고자 한다.

앞에서 살펴본 토양도 분포지형을 보면 고구려비 주변은 하안단구와 곡간
지/선상지로, 하상평탄지가 있는 탑평리 부근보다 안정된 지형에 있는 사실을
알 수 있었는데, 더욱 구체적인 고지형 분석을 위해 주변 1.5km까지 범위를 한
정하여 고지형을 파악하였다.

현재 전시관과 충주 고구려비가 위치한 곳은 입석삼거리 남동쪽에 자리한다.
하지만 초기 발견지는 입석마을로 알려져 있다. 현재 입석마을은 남쪽의 탑평리
칠층석탑(국보 6호)에서 북서쪽으로 약 4km 정도 떨어진 곳에 자리한다. 칠층석

탑이 위치한 탑평리는 자연제방으로 분류되는데,[08] 이 지형을 따라 북쪽으로 진행하면 중앙탑면 행정복지센터 북쪽 300m 부근에서 남한강과 하구암천이 합류한다. 예전의 입석마을도 여기에서 서쪽으로 다리를 건너 진입하였던 것으로 파악되고 현재는 탑평2교가 지도 〈입석마을 진입로와 주변 미지형〉의 1에 해당한다.

입석마을 주변 미지형과 1914년 지형도를 보면 남쪽에서 입석마을까지의 진입은 자연제방과 하천, 산록 완사면 지대를 거쳐 들어오는 방향과 자연제방에서 하성평탄지로 직접 들어오는 방향으로 구분되고 있다. 전자의 진입 지형은 현재 충주 고구려비 전시관과 비가 위치한 곳에도 과거 입석마을 가옥이 존재하였던 것을 알 수 있는 근거지만, 현재는 전시관 건립으로 원지형을 거의 알 수 없다. 후자의 진입 지형은 마을로 들어서는 곳곳으로 미지형의 존재가 있었음을 알려준다. 거리를 따져보아도 탑평리에서 입석마을로 가장 손쉽게 진입하려면 자연제방 – 하성평탄지 구간을 지나가는 길이 가장 편리했다고 추정할 수 있다.

이러한 점으로 볼 때, 충주 고구려비가 건립된 곳은 미지형의 존재, 즉 단구와 선상지 및 자연제방 등이 지표면에 노출되어 유적 등 구지표면을 형성하고 있었을 가능성이 크고, 이는 여러 방향에서 입석마을로 향하는 길이 있었다는 사실을 추정할 수 있다.

2. 입석마을과 주변의 고지형분석

상기 고지형 양상은 구체적으로 고지형 분석을 통해 나타난다. 분석은 1947년과 1974년 항공사진을 이용하였고,[09] 분석 결과를 2019년 위성사진에 중첩

---

08 이홍종·안형기, 2019, 「충주 탑평리(17번지 일원) 칠층석탑 주변부지 내 고지형환경분석」『충주 탑평리 칠층석탑 주변부지 내 유적 발굴조사 보고서』, 국립중원문화재연구소, 148~167쪽.

09 고지형을 파악하기 위해서 이 지역이 경지정리가 되기 이전인 1947년에 촬영된 1:44000 해방전후 항공사진(194705000200060015, 194705000200060016)을

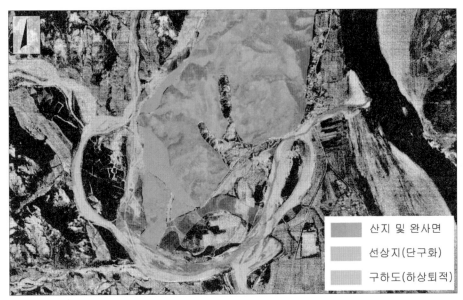

충주 고구려비 발견지역의 고지형 분석결과(국토지리정보원 1947년 항공사진)

충주 고구려비 발견지역의 고지형 분석결과(Google Earth 위성사진)

하여 현재까지의 지형변화 모습과 함께 살펴보았다.

분석 결과, 고구려비가 위치한 곳과 주변은 산지와 완사면, 미지형(선상지)과 구하도 등의 지형이 확인되었다. 현재 마을이 위치한 곳은 장미산에서 남서쪽으로 진행하던 산줄기 끝자락, 산지 말단부에 해당한다. 이 말단부 지역은 대지 조성을 진행한 것인지는 불명확하지만, 산지 지형 말단부에서 넓은 범위로 완경사지가 관찰되어 그 가능성은 충분하다. 하지만 마을을 조성하기 위해 인공적으로 형질 변경한 것인지, 자연지형을 그대로 이용하여 마을을 조성한 것인지, 그리고 지형 변형이 언제부터 이루어진 것인지는 정밀 발굴조사가 많아지기 전까지는 알 수 없다. 그러나 적어도 현재의 마을이 위치한 말단부에 이르러 급격히 평탄해진 지형을 대상으로 입지한 것은 분명하다.

미지형은 이러한 마을의 남서쪽으로는 펼쳐진 경작지 일대에 해당한다. 1950년대 이전까지는 산지와 자연스럽게 연결되는 야트막한 지형으로 존재하였는데, 이 지형의 앞쪽으로는 하구암천이 북서 - 남동 방향으로 흐르고 있었다. 하천의 흐름은 미지형과 하구암천 사이로 지형단차를 이루며 형성된 모습이다. 지형의 형태와 주변 산지와의 관계를 통해 보면 상기 미지형은 산지사이 곡저에서 흘러 내려온 퇴적물에 형성된 지형으로 볼 수 있으며, 하구암천의 흐름에 의해 침식된 선상지 지형으로 생각할 수 있다. 이 지형은 홍적대지 및 단구로 파악되고 있는데, 오랜 기간을 지나면서 퇴적물 지반이 안정화되어 과거부터 취락의 입지로 선호되었다. 1950년대까지 위 지형에 마을이 존재하였다는 점은 이러한 지형이 지속적으로 이용되어 왔음을 의미한다.

선상지에서는 북쪽의 산지에서 흘러 내려오는 작은 개천이 여러 갈래 확인된다. 대부분 산지의 곡부에서 발원한 모습이며, 일부 개천은 동·서로 자리한 마을을 구분하고 있었다. 뒤에서 언급하겠지만 1979년 발견 당시 사진에서 관찰

포토샵으로 자동톤 - 자동레벨 - 균일화 보정을 거쳐서 분석하였다. 1974년 촬영 1:20000 서울 - 장호원지구 항공사진(197408000100220047)으로는 예성동호회에서 보고하였던 최초 발견지점을 추정했다.

되는 농로와 배수로 방향과 일치하고 있어 발견지 추정에 도움을 준다.

구하도는 선상지보다 낮은 지점에서 선상지를 중심으로 동·서·남쪽을 감싸듯이 흐르고 있었다. 이전 마을의 남쪽에는 하구암천이 북서에서 남동으로 흐르고 있었다. 그리고 마을의 서쪽으로 북-남 방향의 산지 골짜기를 따라 곡저하천이 지나고 있으며, 이 하천은 마을의 남서쪽에서 하구암천과 합류한다. 이렇게 합류된 하천은 다시 동-서로 지나면서 마을의 남쪽을 지나 북쪽으로 흘러간다. 마을의 남동쪽으로는 하구암천과 남쪽의 산지에서 흘러내려 온 하천 등이 다시 합류하는 모습이다. 이렇게 남과 북의 하도와 합류한 하구암천은 최종적으로 동쪽으로 진행하면서 남한강으로 흘러간다.

1972년 이후 실시된 경지정리로 평탄화되어 흔적을 명확히 파악하기 힘들지만, 경지정리 이전 마을 남쪽 충적평야는 이처럼 여러 방향에서 흘러들어온 구하도가 곳곳에서 합류하여 하상퇴적층을 형성하며 입석마을 남쪽을 흘렀다고

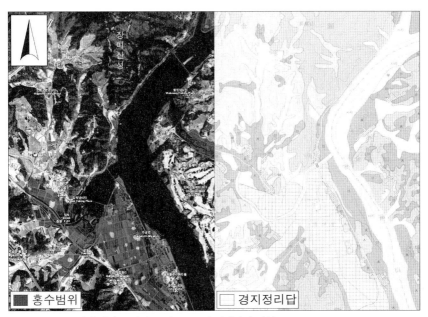

입석마을 1972년 추정 홍수범위(좌)와 1978년 경지정리 범위(우)

추정할 수 있다. 이와 관련하여 1972년 홍수피해[10]는 입석마을 복구를 위해 세워진 새마을이 산지 및 완사면으로 이동할 수밖에 없었고, 마을을 복구하면서 1972년 이전까지 고구려비가 있었던 장소가 옮겨졌다고 간접적으로 추정할 수 있는 단서를 제공한다. 여러 갈래에서 흘러들어오는 하천이 합류되면서 불어난 물로 구하도 범위와, Ⅳ장 3절에서 후술할 이전 마을은 침수되었을 가능성이 아주 크다. 이로 인해 1970년대 이후 선상지 남쪽은 더 이상 취락지로 이용되지 못했으며 현재 마을 위치로 이동하였다. 당시 고구려비가 있었던 곳도 영향을 받았을 것인데, 홍수피해 이후 마을을 재건하면서 1976년 "칠전팔기의 마을" 석주와 함께 세워졌다고 추정된다. 비로 서 있었을 삼국시대, 땅 경계를 나타낸 표식이었던 조선시대, 출산을 기원하는 선돌이었던 근대 이후도 어떠한 방법으로든 입석마을은 고구려비를 보존하고 있었고 1979년, 발견으로 이어졌다.[11]

Ⅳ. 충주 고구려비의 건립 위치에 대한 비정

충주 고구려비는 홍수에 의한 영향이 있다 하더라도 유적이 입지하기 좋은 선상지와 완사면 범위를 볼 때 크게 제 위치를 벗어난 것은 아니다. 그렇다면 초기 건립 위치를 명확히 비정하기 위해서 고지형 분석 등 지형환경에 대한 이외

---

10 " … 나흘 뒤 단군 이래 최악의 홍수가 남한강 유역을 덮쳤다. 쉰한 집 가운데 스물한 집이 물에 잠겼다. 갓 세운 다리 두 개와 하수구, 농로도 사라졌다. 논과 밭 80%가 떠내려갔다. … "(조선일보 2016년 1월 13일 기사 '中原 땅 한가운데 칠층탑하나, 석양에 침묵한다.' 참조)
http://news.chosun.com/site/data/html_dir/2016/01/13/2016011300240.html
홍수 피해를 입은 마을 및 농경지가 수리안전답·경지정리 답으로 전환된 사실을 1978년 국토지리정보원이 발행한 1:25,000 토지이용현황도를 참고해서 확인하였다.
11 정영호, 1979, 「중원고구려비의 발견조사와 연구전망」 『사학지』 13, 단국사학회, 11~12쪽.

에 다른 관점으로 건립지를 추정하는 작업이 필요하다.

충주 고구려비는 누구를 대상으로, 어떠한 목적을 가지고 건립했는지 검토해야 한다. 이를 위해 그곳을 지나는 수많은 대상에게 보이는 교통로의 위치적 특성에 대한 검토를 우선하였다. 더불어 대상물 자체의 조망 목적을 분명히 할 수 있는 가시권을 분석하였다.

고구려비 주변 교통로가 가지고 있는 위치적 특성을 파악하기 위해 『靑邱要覽』과 『大東輿地圖』, 1918년 1:50,000 지형도와 1957년 1:50,000 지형도를 참고하였다. 이에 앞서 관방체계와 고대 교통로를 추정한 기존 연구를 통해 이 글에서 추정하는 교통로의 위치가 고구려비와 어느 정도 상관관계가 있는지를 우선 살펴보고자 하였다. 그리고 고구려비 건립 추정지점에서 사방을 바라본 모습과 사방에서 비를 바라보는 모습 등 중첩 가시권을 분석해 보고자 한다.[12]

1. 충주 고구려비 입지조건 연구

충주 고구려비의 입지에 관한 기존연구를 정리하면 다음과 같다.

충주 고구려비 발견 당시, 입석마을 입구에서 최초 조사를 담당한 정영호[13]는 비의 역할과 방향을 ① 마을 선돌, ② 토지 경계 구분 역할(설화), ③ 비의 마멸 상태 등으로 동쪽을 향해서 건립한 것으로 추정하고 ④ 대장간 주춧돌로 사용된 시기도 대장간이 사람의 왕래가 잦은 지점에 있는 시설로 파악했다. 또한, 비의 위치를 역사지리적 관점에서 고찰하였는데 입석마을은 문호마을인 안반내 마을과 함께 수운 교통의 요지에 자리하며, 작게는 충주 – 탑평 – 입석 – 노은 – 장

---

12 현재 충주 고구려비는 동·서·남쪽은 개방된 모습이지만 북쪽은 산지가 가리고 있다. 이 때문에 최초 발견지점을 포함하는 현재 입석마을은 장미산 정상에서 보이지 않는다. 가시권 분석과 현지답사를 통해 장미산 정상에서 입석마을 남쪽 농경지가 보이는 점에 착안하여, 비가 건립된 지점을 장미산성에서 보이는 범위와 관련지어 추정하였다.

13 정영호, 1979, 앞의 글, 1~19쪽.

호원의 육로, 크게는 조령과 한강하류를 잇는 교통로 상에 위치하는 것으로 보았다. 나아가 「建興五年 歲在丙辰」銘 금동광배 등 고구려계 유물 출토를 바탕으로 국원성과 입석마을의 관련성을 주목하기도 하였다.

이병훈[14]은 충주를 남쪽 경계로 한 고구려 비석으로 역할을 정의했고, 주변 입지조건을 ① 계립령, 죽령의 경계에 위치, ② 한강하류와 영남지역을 연결하는 요충지, ③ 철산지로 보았다. 국원성의 다른 이름인 未乙省을 "긴 고원"으로 인식하여 용전리 지명도 여기서 유래했다고 추정하였다.

이용현[15]은 건립된 비의 독자층을 국원성 부근 주민과 변방민을 포함한다고 보았다. 국원성은 5세기대 신라가 고구려로 입문하는 관문에 위치하고, 고구려와 신라의 경계는 입석마을 부근에 있어야 한다고 언급하였다.

이와는 다르게 관방체계를 통해서 고구려의 남진로로서 고구려비의 입지를 추정한 서영일[16]은 ① 남한강을 따라 만든 횡적체계에서 충주 고구려비는 국원성 주변에 해당하고 ② 충주를 거치지 않고 영월과 단양을 통해 원주와 춘천으로 통하는 교통로가 존재하며 ③ 입석마을은 충주 서쪽을 통해 장호원 – 이천 – 한강 하류로 통하는 교통로에 자리한 것으로 추정하였다.

고구려·신라 경계와 교통로를 시기별로 검토한 박성현[17]은 400년 이후에는 양국이 영서 교통로를 통해서 이어져 있었고, 6세기 전반기 고구려와 신라의 화약(和約)이 이루어진 증거로 충주 고구려비가 건립되었고, 화약에는 반드시 정계(定界)가 수반되어야 한다고 하였다. 이 때 중심 교통로인 충주는 양국으로 들어가는 관문에 각각 거점이 만들어졌다고 추정했다.

---

14 이병훈, 1979, 「중원고구려비에 대하여」『사학지』13, 21~32쪽.

15 이용현, 2000, 「중원고구려비와 신라의 제 비」『고구려발해연구』10, 고구려발해학회, 451~489쪽.

16 서영일, 2000, 「중원고구려비에 나타난 고구려 성과 관방체계 -우벌성과 고모루성을 중심으로-」『고구려발해연구』10, 491~519쪽.

17 박성현, 2011, 「5~6세기 고구려·신라의 경계와 그 양상」『역사와 현실』82, 한국역사연구회, 57~96쪽.

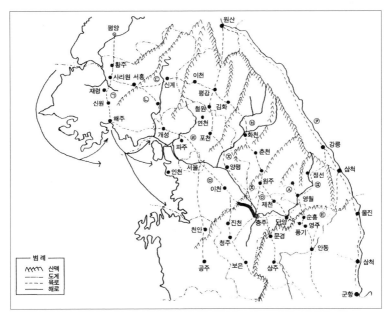

고구려 남진로에서 충주-장호원 육로(굵은 실선)(서영일, 2000, 앞의 글, 전재)

장창은[18]은 고구려의 남진범위와 실상에 대한 쟁점을 ① 광개토왕의 남정범위를 예성강 이남~한강 이북으로 보는 견해와 남한강 상류까지를 포함하는 견해로, ② 고구려의 국원(國原) 진출시기를 400년 신라 구원전 전후 충주에 진출한 견해와 475년 한성 공략 이후로 보는 견해로 정리하였다.

발견지가 곧 건립지로 비석 건립이 가지는 의도와 목적을 고찰한 하일식[19]은 충주 고구려비가 ① 고구려와 신라 당사자가 회합했던 장소, ② 신라와 고구려의 교통로 상에 위치한다고 보았다.

---

18 장창은, 2012, 「4~5세기 고구려의 남방진출과 대신라 관계」『고구려발해연구』 44, 9~57쪽.

19 하일식, 2018, 「한국 고대 금석문의 발견지와 건립지」『6세기 금석문과 신라사회』, 국립경주문화재연구소, 54~81쪽.

이러한 기존의 입지 연구성과는 충주 고구려비가 시대를 달리하더라도 사람과 물류 등 왕래가 잦은 길목에 위치하며 특히 고구려와 신라 경계지점에 입석마을이 있었기 때문에 고구려비가 건립될 수 있었다는 공통된 견해로 모인다.

2. 1979년 당시 발견 위치

이렇듯 상기 연구성과를 보면 입석마을은 중요 교통로 상에 자리하며, 고구려비의 건립 장소로서 가능성이 매우 크다는 것을 알 수 있다. 그렇다면 비의 초기 발견지의 지형적 조건이 건립에 적합한 입지조건이라면 발견지와 건립지의 분분한 논의는 어느 정도 풀릴 수 있다. 즉 발견지와 건립지의 위치에 차이는 있더라도 더 나은 조건을 찾는다면 그러한 논의는 해소될 수 있다. 따라서 고구려비 최초 발견 위치에 대한 접근을 통해 건립지의 위치 추정을 진행하고자 한다.

충주 고구려비는 1979년 예성동호회가 입석마을에서 최초로 발견하였고, 단국대학교 박물관 학술조사단이 처음으로 조사하였다. 입석마을의 위치는 가금면 소재지인 탑평리에서 안반내 마을로 들어가는 다리를 건너 왼쪽으로 구부러진 차도를 따라 약 500m 가면 되는데, 마을 입구에 철제 아치가 세워져 있었고, 왼쪽에 높다란 석축을 쌓아 화단을 만들어 그 위에 마을 청석회에서 만든 "칠전팔기의 마을"이란 표어를 새긴 석주를 세웠으며, 바로 그 옆에 입석을 세웠다.[20] 현재 칠전팔기 석주는 충주 고구려비 전시관 북서쪽 입석삼거리로 옮겨졌고, 충주 고구려비는 발견 위치에서 약 20m 동쪽으로 떨어진 전시관 내부로 이동되었다. 하지만 현재 정확한 발견 위치와 1981년 건립한 보호각의 위치는 불명확하다.[21] 최초 발견 위치를 확인하고 고구려비가 건립된 장소가 타당한지 검토가 필요하다.

1979년 최초 발견지는 〈농로 위에서 북쪽을 향해 촬영한 1979년 4월 7일 단

---

20 정영호, 1979, 앞의 글, 12쪽.

21 추후 전시관 동쪽에 방치된 고구려비 모조품 등을 활용해서 최초 발견지점을 알릴 필요성이 있다. 또한 보호각이 있었던 자리도 표식은 필요하다고 생각한다.

국대학교 조사 사진〉과 지도 〈초기 발견 위치〉를 바탕으로 추정할 수 있었다. 1970년대는 앞서 고지형 분석을 통해 1972년 중부지방 홍수 이후 경지정리로 지형이 평탄화 되었음을 알 수 있다. 1950년대까지 있었던 마을은 홍수피해로 북쪽 산지 및 완사면으로 이동하면서 이전 마을은 배수시설을 갖춘 경작지가 되었다.

이때 농경지 경계를 나타내며 서 있었던 비는 옮겨져 마을 초입에 놓인 것으로 보인다. 최초 발견지 주변을 정밀 조사한 결과, 슬래그가 출토되는 근대 건물지 흔적이 조사되어, 1979년 최초 발견 위치는 이전에 대장간이었다고 추정된다. 예나 지금이나 대장간의 입지는 용수가 있어야 하는 지형을 선호하므로 농로나 하천의 흔적이 있는 곳을 발견지로 유력하게 생각할 수 있다.

초기 발견 당시를 촬영한 〈농로 위에서 북쪽을 향해 촬영한 1979년 4월 7일 단국대학교 조사 사진〉을 보면 마을로 진입하는 도로가 위쪽에 있으며 뒤쪽으로는 산지 사이의 곡부가 확인되고 있다. 사진 하단으로는 농로 옆 배수로가 위에서 아래로 지나는 모습이 있다. 이는 고지형 분석 결과에서 선상지 지형의 북쪽, 곡부에서 흘러 내려오는 구하도에 해당한다. 또한, 〈농로 위에서 북쪽을 향해 촬영한 1979년 4월 7일 단국대학교 조사 사진〉에서 입석이 세워진 곳을 살펴보면 농경지 위에 단을 높게 쌓은 모습이 있다. 지도 〈초기 발견 위치〉에서 이

농로 위에서 북쪽을 향해 촬영한 1979년 4월 7일 단국대학교 조사 사진(충주 고구려비 전시관)

초기 발견 위치
(국토지리정보원 1974년 항공사진)

러한 단의 형태가 관찰되고 이곳이 마을 진입로로 확인된다.

마을의 초입부 지형과 농경지 주변의 농수로 위치, 마을 뒷산의 지형 모습 등으로 보아 예성동호회에서 처음 발견한 지점은 지도 '초기 발견 위치'로 볼 수 있다. 이 지역은 토양도 분포지형으로 보면 선상지에 해당하며, 고지형 분석에서도 선상지의 동쪽 끝 지점인 것을 알 수 있다. 하지만 1914년 이전까지 이 지점은 마을의 초입 지역은 아닌 것으로 파악되고, 골짜기에서 나오는 구하도가 추정되기 때문에 이 지점 바로 위에 있었던 1979년 최초 발견지는 고구려비 건립 지역으로서는 매우 부적당한 곳으로 판단된다.

3. 고대 교통로 추정

1) 충주 고구려비 주변 육로

『靑邱要覽』은 조선 후기 지리학자 김정호(추정 1804~1866)가 1834년 제작한 『靑邱圖』를 1895년에 모사한 지도이다. 충주지역 육로는 북쪽으로 제천, 동쪽으로 단양, 남쪽으로 문경, 달천을 건너 음성, 서쪽으로 장호원으로 가는 길이 기록되었다. 남한강과 달천이 다른 하천보다 두껍게 표현되었고 목계(木溪),대진(大津) 등 지명으로 볼 때 수로로 이용되었을 가능성이 있다.

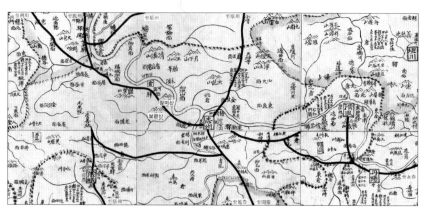

『靑邱要覽』에서 교통로와 장미산 위치(서울대학교 규장각 한국학연구원)

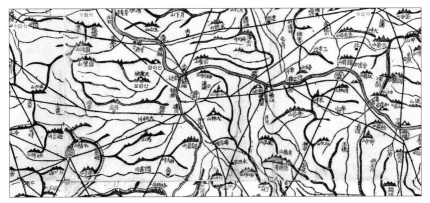

『大東輿地圖』에서 교통로와 장미산 위치(서울대학교 규장각 한국학연구원)

『靑邱要覽』에서 입석마을과 고구려비는 충주에서 장호원으로 가는 서쪽 육로 어딘가에 있었다고 추정할 수 있는데, 이 육로는 장미산과 보련산 사이에 위치하고 장호원 부근에서 각각 이천과 여주 방향으로 갈라진다.

『大東輿地圖』(보물 제850, 850-2, 850-3호)는 김정호가 1861년에 편찬·간행하고 1864년에 재간한 22첩의 병풍식(또는 절첩식) 전국 지도첩이다. 충주지역 교통로는 『靑邱要覽』과 거의 비슷하나 『靑邱要覽』에는 보이지 않는 동-서로 횡단하는 길이 있다. 『大東輿地圖』도 남한강과 달천이 수로로 표현되었다.

충주 서쪽 교통로는 장미산 남쪽을 거쳐서 서쪽으로 진행한다. 『大東輿地圖』에서도 충주 서쪽 교통로는 장미산을 거치고 있는 사실을 알 수 있다. 조선 후기에도 충주 서쪽을 거쳐서 경기도로 나가기 위해, 입석마을과 고구려비가 있는 장미산 남쪽 부근을 왕래한 사실을 조선 후기 지도를 통해서 추정하였다.

입석마을 부근의 교통로 흔적은 일제강점기와 해방 이후 지도에서 확인된다. 1914년 1:50,000 지형도와 1957년 1:50,000 지형도를 보면, 입석마을은 북동쪽으로 안반내리, 동쪽으로 탑평리, 서쪽으로 하구암리를 연결하는 길목에 있었다. 교통로는 1914년 지형도에서 이등도로, 達路보다 하위인 聯路로,[22] 1957

---

22 1876년 개정된 일본 전국도로 분류에 따르면, 里道는 一等(여러 區를 관통하는 도

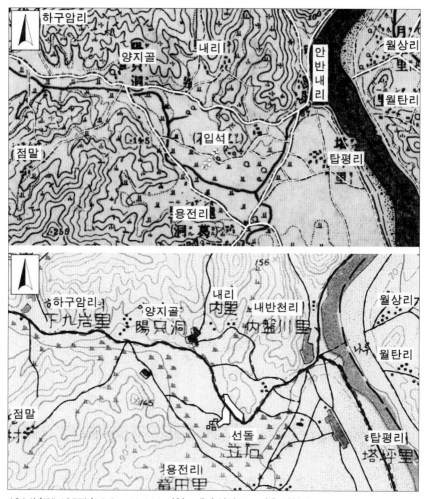

1914년(위) 1957년(아래) 1:50,000 지형도에서 입석(선돌)마을 위치와 교통로(국토지리정보원)

로), 二等(용수·제방·목축·갱산·제조소 등을 위해 그곳 인민과 협의에 의거하여 특별히 설치하는 도로), 三等(신사·불각 및 밭 경작을 위해 설치하는 도로)으로 나뉜다. 도로 폭은 里道가 '일정 폭(國道 5~7間, 縣道 4~5間)을 필요로 한다.'고 분류된다. 達路·聯路 등에 대한 법적 근거는 없다.

石川縣, 1931,『石川縣史 第4編』道路法令集.

년 지형도에서 삼등도로, 사등도로보다 하위인 표면파손 험한 길이 입석마을 주변에서 확인된다. 그 이전 상황은 알 수 없지만, 1914년과 1957년 지형도에서 동 – 서 교통로는 입석마을의 높은 지점 가옥군과 낮은 가옥군 사이에 있다. 1914~1972년까지는 입석마을의 낮은 지점에는 가옥군이 존재하고 있었다. 이 가옥군은 1972년 중부홍수 이후 재건되지 않고 경작지로 바뀐다.[23]

일제강점기부터 해방 이후 남한강 수운의 요지인 목계나루는 철도가 놓이면서 점차 쇠퇴하였고, 같은 남한강 수운에 있었던 안반내리와 문호마을인 입석마을 육로가 서서히 이용 빈도가 줄어들었던 사실을 지형도를 통해 파악할 수 있다. 기존 연구 성과와 조선후기 교통로로 입석마을이 조선후기까지는 충주 서쪽을 잇는 중요한 길목에 있었다고 추정된다.

2) 충주 고구려비의 가시권역과 장미산성

이처럼 지형 형태의 호조건으로서 비의 건립지점 가능성, 그리고 교통로상의 여러 조건을 보면 충주 고구려비는 분명 입석마을을 포함한 주변에 존재했을 가능성이 크다. 하지만 이들의 정확한 위치에 대한 논의가 필요한데, 이를 위해 바라보는 관점에서 비의 위치를 추정해 보았다. 고구려비는 비의 위치에서 외부를 바라보는 관점과 외부에서 비를 바라보는 관점 모두 조망이 가능한 곳을 선점하였을 가능성이 큰데 이에 대해서 분석하였다. 또한, 고구려와 관련한 산성으로서 장미산성(사적 제400호)을 언급할 수 있다면 산성과 비의 관계를 간과해서는 안 된다.

장미산성은 일제강점기[24] 때 처음으로 조사 되었다. 1984년 예성동호회에서 지표조사가 실시되어,[25] 충주 고구려비, 봉황리 마애불상군 등 고구려 유물과 관련지어 고구려 토석혼축성으로 판단하였다. 1992년 지표조사에서는 수

---

23 국토지리정보원이 편집한 1979년 토지이용 현황도를 참고하였다.

24 朝鮮總督府, 1935, 『朝鮮寶物古蹟調査資料』.

25 예성동호회, 1984, 『중원문화유산도보』.

습된 조족문토기편을 토대로 백제 한성기에 축조된 산성일 가능성을 제기하였다.[26]

2000년대 시굴조사[27] 결과, 석축 성벽이전에 판축된 토축 성벽이 존재했을 가능성이 제기 되었고, 뒤이어 발굴조사[28]에서는 별도의 기단을 설치하지 않고 석축을 쌓았고, 석환 보관함, 초기 백제유적과 관련이 있는 조족문 토기를 확인하였다.

2012년 실시한 시굴조사[29] 결과에 따르면 성벽 안쪽 다짐층과 내부 퇴적층에서 4세기 후반~5세기 전반의 백제 한성기 토기와 6세기대 신라토기가 확인되었다. 고구려계 유물은 출토되지 않았으나 장미산성과 가까운 탑평리유적에서 확인되는 고구려 유물이 5세기 중엽경으로 편년되는 점으로 고구려가 장미산성을 점유했을 가능성을 제기했다.

이원근[30]과 최근영[31]의 연구에 따르면, 점유시기에 비해 신라 유물이 상대적으로 적고, 축성 방식이 주변의 전형적인 신라성과 다르고, 충주 고구려비가 가까이 위치하며, 근처에 고구려계 마애불과 보살군이 위치하는 것을 근거로 고구려 산성으로 추정했다.

더불어 중원지역 내 고구려계 성곽을 추정한 연구[32]에서는 청원 남성골 산성에서 확인되는 목책 치성이 확인된 점, 문경 고모산성, 상주 견훤산성, 울주 화산리성지, 단양 온달산성 및 남성골 산성에서 확인된 사례가 있는 다수의 석환

---

26 충북대학교 박물관, 1992, 『중원 장미산성』.

27 충북대학교 중원문화연구소, 2003, 『장미산성 -정비 예정구간 시굴조사 보고서-』.

28 충주시·중원문화재연구원, 2006, 『충주 장미산성 -1차 발굴조사보고서-』.

29 국립중원문화재연구소, 2014, 『충주 장미산성 시굴조사보고서』.

30 이원근, 1982, 「성곽」『문화재지』, 충청북도, 391~392쪽.

31 신형식·최근영·윤명철·오순제·서일범, 2000, 「한강상류의 고구려산성」『고구려산성과 해양방어체제 연구』(최근영 편), 백산자료원, 618~631쪽.

32 신광철, 2015, 「고구려의 '중원지역' 진출에 대한 소고」『고구려발해연구』 51, 31~71쪽.

이 출토된 점, 충주 고구려비 및 탑평리유적과 가까운 점 등으로 고구려계 산성일 가능성이 크다고 보았다.

출토된 토기류의 양상[33]은 백제 한성기 토기와 신라 토기 이외에도 수는 적지만 고구려계 토기, 가야계 토기, 통일신라 토기의 존재가 확인되었다. 또한 이러한 양상이 남한강 변 자연제방에 위치한 탑평리 유적에서 출토되는 토기 양상과 궤를 같이하는 것을 통해 산성 자체뿐만 아니라 산 아래 탑평리 유적과 조합을 이루며 동시에 경영되었다고 추정하였다.[34]

석환의 기원과 기능에 대한 연구[35]에서 책치성의 흔적, 끌 모양 화살촉, 성벽 하단석 들여쌓기 등 고구려의 흔적에 대한 언급이 있다. 또한 주변 유적에서 고구려 유물이 확인되기 때문에 장미산성에서 조사된 석환을 보관하는 석곽시설은 고구려의 영향을 받았다고 추정했다.

장미산성의 초축과 점유 주체는 지금까지 조사와 연구 성과만으로 확정 지을 수 없다. 그러나 시기별로 백제와 고구려, 신라 모두 장미산성이 위치상 중요했던 사실은 유물과 성벽축조 기술, 주변 유적분포 등으로 추정할 수 있다. 적어도 고구려비가 건립될 당시에는 장미산성과 그 아래로 내려다보이는 고구려비 건립지는 깊은 관계가 분명히 있었다고 추측 할 수 있다.

조선 후기 지도를 통해서 살펴보면 충주 서쪽 육로는 장미산과 밀접한 관계가 있다. 장미산은 한강 유역으로 통하는 주변 육로와 수로를 효과적으로 통제할 수 있는 전략적 요충지이다. 이곳에는 삼국의 각축 결과 백제 - 고구려 - 신라 순으로 점유한 장미산성이 자리하고 있었다.

장미산성과 고구려비는 서로 조망할 수 있는 가시권역에 존재하였을 가능성

---

33 原明 張俊植 教授 停年退任記念論叢 刊行委員會, 2014, 「장미산성 출토 토기의 양상과 성격」『東亞細亞 歷史文化論叢』(박중균 편), 서경문화사, 297~317쪽.

34 박중균, 2014, 앞의 글, 314쪽.

35 박세원, 2018, 「성곽에서 출토되는 석환의 기원과 기능 및 활용」『야외고고학』 32호, 한국문화유산협회, 65~106쪽.

이 높다. 현재 충주 고구려비 자료관과 최초 발견지, 입석마을은 북쪽 산지(해발 150m)에 가려서 장미산 정상부 헬기장(해발 336m)에서 보이지 않는다. 충주 고구려비의 건립이 주민과 변방민에게 정치적·군사적 지배를 효과적으로 보여주기 위한 것이 목적이었다면 비가 건립될 당시는 고구려와 신라 사람이 모두 잘 볼 수 있는 길목에 있어야 하고, 육로와 수로를 통제하기 위해 축조된 장미산성에서도 모두 볼 수 있는 위치에 있어야 한다. 장미산성이 가지는 유리한 위치는 분명히 백제와 신라, 그 이후도 마찬가지로 중요한 거점이 자리 잡는 조건을 가진다. 하지만 비가 건립된 경위는 삼국 중 백제와 신라가 점유한 시기와는 다른 특별함이 있었다고 추정한다. 아마도 고구려와 신라의 경계부에 있는, 충주지역에서 고구려로 들어가는 관문[36] 성격이 강했기 때문에 그곳에 비가 건립되지 않았을까.

장미산 정상부(헬기장)에서 내려다본 남사면 가시권과 건립 추정지
(내려다보는 높이: 981m, 각도: 15도, 도면 상단: 북)

---

36 이용현, 2000, 앞의 글; 박성현 2011, 앞의 글.

장미산 정상에서 가시적으로 조망할 수 있는 범위를 살펴보면 현재의 고구려비 전시관에 자리한 비는 보이지 않는다. 오히려 입석마을의 남쪽, 고지형 분석을 통해 나타난 선상지와 구하도 등이 가시권역에 있어, 이 중 선상지 범위가 유적과 비 건립지로 유력하다. 건립 추정지는 보련산 정상과 중앙탑면 칠층석탑 등 동 – 서 교통로와 관련있는 곳에서 이곳을 바라보았을 때도 모두 조망되는 위치이다.[37] 마찬가지로 고구려비가 위치한 곳에서 주변의 여러 방향을 바라보았을 때도 조망권은 확보된다.[38] 가시권을 통해 볼 때, 건립지로 추정되는 곳은 동쪽과 서쪽 평야 지대에서, 그리고 북쪽의 장미산에서도 조망이 되는 지점이 건립지일 가능성이 크다.

4. 충주 고구려비 건립지점

상기 분석한 내용을 통해 충주 고구려비의 건립지점을 추정해 보면, 최초 발견지에서 크게 벗어나지 않았을 가능성이 크다.

입석마을은 지형지리적 관점에서 보면 평탄한 선상지, 고지형 분석에 의하면 산지 및 왕경사지와 선상지를 포함한다. 이 지형은 완만한 경사를 갖추고 있어서 배수가 양호하고, 산지·구릉 말단에서 경사 변환대를 거쳐 남쪽으로 조금 더 뻗어 내려간 좋은 조망권을 가지고 있기 때문에 비의 건립과 취락입지에 매우 좋은 조건이라 할 수 있다.

1972년 홍수가 있기 전 입석마을은 산지에서 뻗은 지형에서 하구암천변까지 조성된 모습인데, 지형의 온전성 및 안정성 등으로 인해 마을이 넓은 범위로 분포하고 있었다. 전언 및 설화에 의하면 고구려비는 마을 초입에 있었고 홍수로 인해 저지대가 침수되어 새마을을 만들면서 비석을 완사면 및 선상지로 옮겼을

---

37 현지답사와 국토교통부 VWORLD 데스크톱 3.0을 통해서 조망이 가능한지 거시적인 관점으로 참고하였다.

38 황보경, 2019, 「충주 고구려비의 고지형과 역사입지 검토에 대한 토론문」 『충주 고구려비 발견 40주년 기념 학술대회 -충주 고구려비의 어제와 오늘-』, 136~137쪽.

가능성이 있다. 그 이후 비석의 발견으로 보호각이 설치되고, 전시관을 건립하면서 지금의 위치로 옮겨졌다고 추정할 수 있다. 즉 고구려비는 선상지 말단부에 존재하였을 가능성이 있으며, 이후 완사면 쪽으로 옮겨와 현재의 위치로 옮겨졌다.

건립의 조건은 보는 이의 관점과 목적, 그리고 특별한 입지조건 모두를 만족해야 한다. 건립목적은 당시 고구려의 영역확장과 신라와의 관계를 모두가 볼 수 있게 건립하였을 목적이 있었을 것이고, 이를 만족하는 장소로서 비는 건립 위치와 사방에서 잘 보이는 위치 모두를 만족할 수 있는 지점을 선택했다고 추정한다. 장미산 등 주변 지형에서 보이고 건립지에서도 사방이 보이는 가시권을 모두 만족하는 지점은 교통의 요충지이자 고구려와 신라의 관문인 입석마을임은 분명하다. 인문·자연 자료를 여러 관점에서 바라본 결과 추정한 위치가 상기 조건 모두를 만족한다는 점에서, 1979년 발견지에서 조금 거리가 떨어져 있지만 지도 '장미산 정상부(헬기장)에서 내려다본 남사면 가시권과 건립 추정지'에서 추정한 건립지 범위가 삼국시대 처음으로 고구려비가 세워진 지점일 가능성이 크다.

V. 맺음말

충주 고구려비 건립지를 현존 지명, 1979년 학술조사, 주민의 증언, 사진기록, 설화, 주변 지질과 지세, 지형과 토양분석, 고지형 분석, 고지도 분석, 일제강점기·해방 이후 지형도와 토지이용현황도 검토, 가시권 분석, 항공사진과 인공위성사진 분석 등 다양한 관점에서 추정하였다.

주변 발굴조사 자료가 늘어난다면 고지형 분석결과와 토양정밀지도를 보완할 수 있으며 분석 자체의 신뢰도가 더욱 높아질 것이다. 이 또한 유적을 이해하는 데 유의미한 근거로 활용될 수 있다. 이 글에서는 충주 고구려비뿐만 아니라 입석마을을 유적으로 보고 역사지리적 관점과 고지형 분석을 통해 충주 고구려비의 최초 건립지와 고대 교통로를 추정하였다.

1972년 홍수를 기점으로 충주 고구려비와 입석마을은 큰 변화를 겪는다. 선사시대와 역사시대의 발굴조사 자료가 부족하기 때문에 조선시대 이전 입석마을의 변화상은 알기 힘들지만, 삼국의 접경지역이었고 남한강 주변에 위치하기 때문에 1972년 중부지방 홍수 때보다 더 큰 환경변화와 역사를 겪었을 가능성도 없지 않다.

가장 빠르고 편리한 길은 수운을 이용한 교통로였을 테지만, 가장 확실하고 안전한 길은 고대부터 육로가 선호되었을 것이다. 충주 고구려비에서 북쪽으로 2.5km 정도 떨어진 장미산성은 수로와 육로의 요충지에 있다. 장미산성에서 내려다보이는 안정된 곳에 입석마을과 입석유적이 위치한다. 평상시 안반내마을(유적)에 편리한 수운을 옆에 둔 입석마을(유적)은 집중호우 등으로 남한강 유량이 불어나면 물길은 이용하기 어려웠을 것이다. 고대부터 육로는 수로보다 통행과 운반이 쉽지 않지만, 교통로의 안전성이 확보된 가장 확실한 길로 여겨졌다. 조세를 옮길 때, 편리한 수로보다는 안전하고 넓고 곧게 포장된 육로 이용을 권장[39]하여 지방에서 도성으로 오가는 일본 헤이안시대 역사기록을 분석한 성과는 새로운 관점으로 참고가 된다.

충주 고구려비는 정확한 건립지가 어디였는지 현재까지 정보로는 알 수 없다. 이 글은 발견지 부근이 건립지라는 선행연구[40]를 받아들여 고지형 분석, 교통로와 마을 위치 추정을 통해 조금 더 자세한 추정지점을 제시했을 뿐이다. 하지만 충주 고구려비가 문헌 기록보다 더 신빙성이 높은 그 당시 정보를 기록한 금석문인 사실은 부정할 수 없기 때문에 비가 처음 건립된 장소 또한 중요하다.

입석마을 주변 발굴조사 성과가 점차 늘어나게 된다면, 충주 고구려비 주변에서 고대 도로가 확인될 가능성이 크다. 이 교통로는 작게는 충주와 서쪽 지방을 연결하는 교통로이고, 크게는 한강 하류와 영남지역을 잇는 큰 길목으로 봐

---

39 清野陽一, 2011, 「延喜式諸国日数行程과 최소비용 경로분석」『인문과학과 컴퓨터 심포지엄』, 37~42쪽.

40 하일식, 2018, 앞의 글.

도 무리가 없는 인문·자연적 요소를 가지고 있다. 머지않은 미래에 삼국시대 도로가 조사된다면 충주 고구려비가 건립된 최초 위치를 특정할 수 있다고 기대해 본다.

허의행(수원대학교 박물관)
장우영(국립경주문화재연구소)

〈참고문헌〉

1. 고지도 및 금석문

『靑邱要覽』

『大東輿地圖』

중원군, 1981, 中原高句麗碑保護閣建立記.

2. 논고

국립중원문화재연구소, 2014, 『충주 장미산성 시굴조사보고서』.

농촌진흥청, 2014, Taxonomical Classification of Korea Soils. Rural Development Administation.

박세원, 2018, 「성곽에서 출토되는 석환의 기원과 기능 및 활용」 『야외고고학』 32호, 한국문화유산협회.

박희두, 1995, 「충주분지의 지형분석(퇴적물 분석을 중심으로)」 『한국지형학회지』 제2권-1호, 한국지형학회.

서영일, 2000, 「중원고구려비에 나타난 고구려 성과 관방체계 -우벌성과 고모루성을 중심으로-」 『고구려발해연구』 10, 고구려발해학회.

淸野陽一, 2011, 「延喜式諸国日数行程과 최소비용 경로분석」 『인문과학과 컴퓨터 심포지엄』 (일본어).

신형식 · 최근영 · 윤명철 · 오순제 · 서일범, 2000, 「한강상류의 고구려산성」 『고구려산성과 해양방어체제 연구』 (최근영 편), 백산자료원.

신광철, 2015, 「고구려의 '중원지역' 진출에 대한 소고」 『고구려발해연구』 51.

예성동호회, 1984, 『중원문화유산도보』.

原明 張俊植 敎授 停年退任記念論叢 刊行委員會, 2014, 「장미산성 출토 토기의 양상과 성격」 『東亞細亞 歷史文化論叢』 (박중균 편), 서경문화사.

이병훈, 1979, 「중원고구려비에 대하여」 『사학지』 13, 단국사학회.

石川縣, 1931, 『石川縣史 第4編』 道路法令集 (일본어).

이용현, 2000, 「중원고구려비와 신라의 제 비」 『고구려발해연구』 10.

이원근, 1982, 「성곽」 『문화재지』, 충청북도.

이홍종 · 안형기, 2019, 「충주 탑평리(17번지 일원) 칠층석탑 주변부지 내 고지형환경분석」 『충주 탑평리 칠층석탑 주변부지 내 유적 발굴조사 보고서』, 국립중원문화재연구소.

장준식, 2019, 「충주 고구려비 발견 40주년 회고와 전망」『충주 고구려비 발견 40주년 기념 학술대회 -충주 고구려비의 어제와 오늘-』.

정영호, 1979, 「중원고구려비의 발견조사와 연구전망」『사학지』 13.

朝鮮總督府, 1935, 『朝鮮寶物古蹟調査資料』.

충북대학교 박물관, 1992, 『중원 장미산성』.

충북대학교 중원문화연구소, 2003, 『장미산성 -정비 예정구간 시굴조사 보고서-』.

충주시, 2001, 「1편 지리」『충주시지(상)』, 충주시.

충주시 · 중원문화재연구원, 2006, 『충주 장미산성 -1차 발굴조사보고서-』.

하일식, 2018, 「한국 고대 금석문의 발견지와 건립지」『6세기 금석문과 신라사회』, 국립경주문화재연구소.

황보경, 2019, 「충주 고구려비의 고지형과 역사입지 검토에 대한 토론문」『충주 고구려비 발견 40주년 기념 학술대회 -충주 고구려비의 어제와 오늘-』.

허의행, 2017, 「풍납토성의 구조와 내부 공간구획의 고지형적 접근」『호서고고학』 38권, 호서고고학회.

3. 지도 · 항공사진 및 신문기사

국토교통부 VWORLD 지도

농촌진흥청 국립농업과학원 흙토람 토양환경지도

국토지리정보원 국토정보플랫폼 지형도, 토지이용현황도(1979년), 항공사진

한국사데이터베이스 한국근대지도자료

한국지질자원연구원 지질정보서비스시스템 지질도

조선일보, 2016.2, [박종인의 땅의 歷史] 中原 땅 한가운데 칠층탑하나, 석양에 침묵한다.

찾아보기

• 지은이(집필순)

장준식_국원문화재연구원장

　『테마별로 읽는 한국의 문화유산』, 학연문화사, 2004.
　『신라중원경연구』, 학연문화사, 2001.

박경식_단국대학교 석주선기념박물관장

　『한국 석탑의 양식 기원』, 학연문화사, 2016.
　『한국의 석탑』, 학연문화사, 2008.

정제규_문화재청 유형문화재과

　「石堂博物館 所藏《紺紙銀泥妙法蓮華經》卷三의 歷史·文化的 價値」『石堂論叢』 79, 동아대학교
　석당학술원, 2021.
　「단양신라적성비 연구 현황과 쟁점」『선사와 고대』 61, 한국고대사학회, 2019.

백종오_한국교통대학교 중원학연구소장

　「두만강 하구 녹둔도 이순신 유적의 공동조사 성과와 전망」『백산학보』 121, 백산학회, 2021.
　「한국고대 산성의 집수시설과 용도」『목간과 문자』 25, 한국목간학회, 2020.
　『THE HISTORY AND ARCHAEOLOGY OF THE KOGURYO KINGDOM』, HAVARD
　UNIVERSITY, (공저), 2016.
　『고구려 기와의 성립과 왕권』, 주류성(대한민국 학술원 우수학술도서), 2006.

조영광_전남대학교 역사교육과 교수

　『동북공정 이후 중국의 고구려사 연구 동향 : 분석과 비판 2007~2015』, 역사공간, 2017.
　『중국의 동북공정과 한국고대사』, 주류성, 2012.

허의행_수원대학교 박물관

　『청동기시대 전기 호서지역 취락 연구1』, 서경문화사, 2014.
　『청동기시대 유물집성』, 서경문화사, 2011.

장우영_국립경주문화재연구소

　「고고자료로 본 경주 북천의 수해와 치수」『신라문화』 58, 동국대학교 신라문화연구소, 2021.
　「GIS를 활용한 유적 형성과정 연구」『한국고고학전국대회 발표문』 45, 한국고고학회, 2021.

중원학총서 01

忠州 高句麗碑 어제와 오늘

초판발행일	2022년 2월 7일
엮 은 이	한국교통대학교 중원학연구소
지 은 이	백종오 외 6인
발 행 인	김선경
책 임 편 집	김소라
발 행 처	서경문화사
	주소 : 서울시 종로구 이화장길 70-14(204호)
	전화 : 743-8203, 8205 / 팩스 : 743-8210
	메일 : sk8203@chol.com
신 고 번 호	제1994-000041호
ISBN	978-89-6062-240-1 93910

ⓒ 한국교통대학교 중원학연구소 · 서경문화사, 2022

이 도서는 한국교통대학교 중원학연구소 중원학총서로 기획 · 간행되었으며 도서판매의 수익금은 대학 발전 기금으로 조성하는데 전액 사용됩니다.

(27649) 충청북도 충주시 대학로50 종합강의관(W5) 219호 한국교통대학교 중원학연구소
메일: jungwonhak@ut.ac.kr / TEL: 043-841-5481, 5465